# キャリア教育実践ガイドブック

**文部科学省学習指導要領準拠**

～様々な活動ではぐくむキャリア教育～

- 算数・数学
- 理科
- 英語
- 音楽
- 美術
- 国語
- 社会
- 生活
- 道徳
- 学級活動
- 総合的な学習
- 地域及び異年齢集団の交流
- 体育・保健体育
- 技術・家庭
- 集団宿泊活動
- 職場体験（訪問）活動
- 奉仕体験活動
- 自然体験活動
- 文化芸術体験活動

秋田県小・中学校進路指導研究会　編

実業之日本社

# 目次

キャリア教育で育成すべき力～本書の内容と基礎的・汎用的能力の関連～ ……………… 4

## 第1章　教科編 …………………………………………………………………………… 7
　（1）国語科（小学校6年・中学校1年）…………………………………………… 8
　（2）社会科（小学校5年・中学校3年）…………………………………………… 12
　（3）算数・数学科（小学校5年・中学校1年）…………………………………… 16
　（4）理科（小学校6年・中学校3年）……………………………………………… 20
　（5）英語科（中学校3年）…………………………………………………………… 24
　（6）音楽科（中学校2年）…………………………………………………………… 26
　（7）美術科（中学校1年）…………………………………………………………… 28
　（8）体育科（小学校4年）・保健体育科（中学校3年）………………………… 30
　（9）技術・家庭科（中学校1年）…………………………………………………… 34
　(10)　生活科（小学校2年）…………………………………………………………… 38
　コラム「キャリア教育がもたらす効果とは」「『キャリア教育』で各教科がつながる！」………… 40

## 第2章　道徳・学級活動・総合的な学習編 …………………………………… 41
　（1）道徳の時間
　　①小学校低学年：はたらくことのたのしさ4－（2）「ケイくんのたくはいびん」………… 42
　　②小学校中学年：自分をみつめて1－（4）「どっちにしようか」…………………………… 46
　　③小学校高学年：自由・規律1－（3）「修学旅行の夜」……………………………………… 50
　　④中学校　1年：自分を好きになる1－（5）「虎」…………………………………………… 54
　　⑤中学校　2年：社会への奉仕4－（5）「加山さんの願い」………………………………… 58
　　⑥中学校　3年：仕事に生きる4－（5）「たんぽぽ作業所」………………………………… 62
　（2）学級活動
　　①小学校低学年：「スマイル　あいさつめいじんになろう」………………………………… 66
　　②小学校中学年：「3組からのとくべつメニュー！～学年集会を成功させよう～」………… 70
　　③小学校高学年：「もうすぐ中学生！」…………………………………………………………… 74
　　④中学校　1年：「10年後の自分を考えよう」…………………………………………………… 78
　　⑤中学校　2年：「中学校生活のまんなかで」…………………………………………………… 82
　　⑥中学校　3年：「進路選択の悩みを解決し，進路決定をしよう」…………………………… 86

（3）総合的な学習
　　①小学校　6年：「能代工業バスケット部はなぜ強い！
　　　　　　　　　～夢に向かってひたむきに努力する姿に触れよう～」……………90
　　②中学校　2年：「充実した生き方を探る」……………………………………………92
　コラム「個に応じたキャリア・ガイダンスとカウンセリング」……………………94

# 第3章　行事・体験活動編……………………………………………………………95
　（1）地域及び異年齢集団の交流……………………………………………………96
　（2）集団宿泊活動…………………………………………………………………100
　（3）職場体験（訪問）活動………………………………………………………104
　（4）奉仕体験活動…………………………………………………………………106
　（5）自然体験活動…………………………………………………………………108
　（6）文化芸術体験活動……………………………………………………………110
　コラム「学校と家庭・地域との連携」…………………………………………114

# 第4章　職場体験FAX資料編……………………………………………………115

「キャリア教育」Q＆A………………………………………………………………138
秋田県小・中学校進路指導研究会編　進路指導資料集……………………………142
あとがき…………………………………………………………………………………143

　　　　　　　　　　　（表紙・裏表紙：小学校と中学校の体験学習の一場面）

# キャリア教育で育成すべき力～本書の内容と基礎的・汎用的能力の関連～

　平成23年1月にまとめられた中央教育審議会『今後の学校におけるキャリア教育・職業教育の在り方について（答申）』において，「基礎的・汎用的能力」が新たに示された。「基礎的・汎用的能力」とは，それまで「キャリア発達にかかわる諸能力」として学校でキャリア教育の計画を立てる際に参考にされていた「人間関係形成能力」「情報活用能力」「将来設計能力」「意思決定能力」のいわゆる「4領域8能力」がもつ課題として挙げられた，「社会・職業（学校から産業界）への円滑な移行」「教育界と産業界が共通言語で双方の理解を図る」ことを達成するために新たに提示されたものです。これは全く新しい能力論の登場ではありません。キャリア形成を人生全般にわたって連続するものととらえる上で，従来の「4領域8能力」を補強して，現実に即して，社会的・職業的に自立するために必要な能力を育成することをねらいとしたものであり，これらの諸能力（態度）を，学校教育において育成し，若者の夢や希望につながる能力（態度）とは何かを検討した結果，「社会的・職業的に自立するために必要な基盤となる能力（主としてキャリア教育で育成すべき能力）」として，構想・提示されたものです。

　このように構想・提示された「基礎的・汎用的能力」は，「人間関係形成・社会形成能力」「自己理解・自己管理能力」「課題対応能力」「キャリアプランニング能力」の4つの能力によって構成されています。各学校においては，この4つの能力を参考に，今後それぞれの課題を踏まえて身に付けさせたい能力を設定して行く必要があると思われます。

　本書では，各教科や道徳，学級活動，各種行事・体験活動などの全体計画とその中の1時間分の指導計画，資料に「基礎的・汎用的能力」からとらえた「キャリア教育の視点」を加えて実践例として紹介しています。本書を作成するにあたり，これら諸能力が，各教科の学習や諸活動のどの場面と深く結びつくのかを，答申を踏まえ以下に提示しました。

【人間関係形成・社会形成能力】
　多様な他者の考えや立場を理解し，相手の意見を聞いて自分の考えを正確に伝えることができるとともに，自分の置かれている状況を受け止め，役割を果たしつつ，他者と協力・協働して社会に参画し，今後の社会を積極的に形成することができる力

【社会的・職業的自立のため】
・社会との関わりの中で生活し仕事をしていく上で基礎となる能力

【具体的な要素】
　他者の個性を理解する力，他者に働きかける力，コミュニケーション・スキル，チームワーク，リーダーシップ　など

【キャリア教育の視点から見た重要な学習・諸活動】
○　互いの意見を紹介，発表し合う場面（話し合い・発表会・討論会・意見交換会等）
○　学習活動の中で，共同作業をする場面（実験・観察・実習・作業・ゲーム等）
○　学習活動の中で互いのよさを教え合ったり，讃え合ったりする場面（スピーチ等）
○　グループなどの小集団や異年齢集団による各種活動（ボランティア活動・学校行事等）

### 自己理解・自己管理能力

自分が「できること」「意義を感じること」「したいこと」について，社会との相互関係を保ちつつ，今後の自分の可能性を含めた肯定的な理解に基づき主体的に行動すると同時に，自らの思考や感情を律し，かつ今後の成長のために進んで学ぼうとする力

【社会的・職業的自立のため】
・「やればできる」と考えて行動するとともに，自らの思考や感情を律し，研さんする能力

【具体的な要素】
自己の役割の理解，前向きに考える力，自己の動機付け，忍耐力，ストレスマネジメント，主体的行動　など

【キャリア教育の視点から見た重要な学習・諸活動】
○ 役割分担をして，意見発表などを行う場面（集会・パネルディスカッション等）
○ 各パートやポジションに分かれて活動する場面（合唱練習・ゲーム等）
○ 自分を見つめ，自らの課題について考え，目標を設定する（学級活動・道徳の時間等）
○ 課題を設定し，主体的に課題解決に取り組む場面（集団行動・課題解決学習等）
○ 積極的に他者と関わる各種活動（ボランティア活動・学校行事等）
○ 学校生活の諸問題について主体的に考える場面（道徳の時間・学級会・委員会活動等）
○ 公共のルールやマナーについて考える場面（総合的な学習の時間・体験学習・訪問等）

### 課題対応能力

仕事をする上での様々な課題を発見・分析し，適切な計画を立ててその課題を処理し，解決することができる力

【社会的・職業的自立のため】
・従来の考え方や方法にとらわれずに物事を進めていく能力
・情報及び伝達手段を主体的に選択し，活用する能力

【具体的な要素】
情報の理解・選択・処理等，本質の理解，原因の追及，課題発見，計画立案，実行力，評価・改善　など

【キャリア教育の視点から見た重要な学習・諸活動】
○ 多くの資料を読み取り，根拠を基に互いに意見を述べる場面（意見交換・ディベート等）
○ 学習で身に付けた知識や技能を効果的に活用する場面（リポート作成・討論会等）
○ 自分のテーマに合わせた表現活動を行う場面（作品制作・ものづくり・発表会等）
○ グループなどの小集団や異年齢集団による各種活動（ボランティア活動・学校行事等）
○ 様々な事象を論理的にとらえ追究する活動（課題解決学習等）
○ 計画立案した内容を実行し，振り返りをする場面（総合的な学習の時間・体験活動等）

**キャリアプランニング能力**

「働くこと」を担う意義を理解し，自らが果たすべき様々な立場や役割との関連を踏まえて「働くこと」を位置付け，多様な生き方に関する様々な情報を適切に取捨選択・活用しながら，自ら主体的に判断してキャリアを形成する力

【社会的・職業的自立のため】
・社会人・職業人として生活していくために生涯にわたって必要となる能力

【具体的な要素】
学ぶこと・働くことの意義や役割の理解，多様性の理解，将来設計，選択，行動と改善　など

【キャリア教育の視点から見た重要な学習・諸活動】
○　施設見学や訪問取材，調査活動（企業訪問・社会科見学・総合的な学習の時間等）
○　互いの意見を紹介，発表し合う場面（話し合い・発表会・討論会・意見交換会等）
○　多くの意見を参考にしてよりよい方法を考える場面（課題解決学習・体験活動等）
○　職業について調べたり，体験したりする活動（企業訪問・職業調べ・職場体験等）
○　働くことの意義について考える場面（道徳の時間・特別活動・職場体験等）
○　自分の将来について考えたり，自己分析をしたりする場面（特別活動・高校調べ等）
○　学習や体験を通して，自分の生活を見直す場面（道徳の時間・総合的な学習の時間等）
○　自分と社会との関係に目を向ける活動（ボランティア活動・職場体験・学校行事等）
○　学校生活をよりよくしていくための活動（学級活動・生徒会活動・各種行事等）

　全体計画や本時の計画の中にこうした学習・諸活動を取り入れるとともに，キャリア発達に結び付く内容やそれによって身に付くであろう能力（態度）を「キャリア教育の視点から見た重要なこと」という項目で挙げています。日頃の授業や道徳の時間，学級活動などの指導や総合的な学習，各種行事の計画にキャリア教育を意識して取り組むときの参考にして頂けたらと思います。さらに第4章として「職場体験FAX資料」を載せています。職場体験学習を行う際の資料作りにご利用いただけたら幸いです。

　本書の実践例は，秋田県内の先生方が行った授業を基にして作成しています。それぞれの学校によって実情が異なりますが，生徒にどのような能力を身に付けさせるかは，あくまでも学校が主体になるべきだと思います。社会人・職業人に必要とされている基礎的な能力（態度）と現在の学校教育で育成している能力（態度）との接点を確認して，これからの能力育成をキャリア教育の視点に取り込んでいくことは，学校と社会・職業との接続を考える上で意義のあることだと考えられます。

参考文献
① 『中学校キャリア教育の手引き』（平成23年3月　文部科学省）
② 『キャリア教育の一層の充実を求めて』（『月刊　中等教育資料』）
　（文科省初等中等教育局教育課程課　藤田晃之教科調査官による連載記事）
③ 『今後の学校におけるキャリア教育・職業教育の在り方について　中央教育審議会答申』
　（平成23年1月31日　中央教育審議会キャリア教育・職業教育特別部会）

# 第1章
# 教 科 編

　第1章は，「キャリア教育」の視点に立った学習指導，すなわち，小・中学校それぞれの教科の授業を焦点化し，日常行っている各教科の学習で，キャリア教育に関わる能力を身に付けさせるにはどうすればよいかという観点から，学習指導とキャリア教育の関連に対する理解を深める（再確認する）ことを趣旨としました。

　内容は，小・中学校別に「キャリア教育の視点による児童・生徒に身に付けさせたい能力」（基礎的・汎用的能力～人間関係形成・社会形成能力，自己理解・自己管理能力，課題対応能力，キャリアプランニング能力）を関連付けた一単元の学習指導案の紹介です。

## おもな内容
① 単元（題材）名（必要に応じて出典を紹介する。）
② 単元（題材）の目標
③ 単元（題材）とキャリア教育（社会的・職業的自立に必要な能力）との関わり
　・キャリア教育の視点から，本単元（題材）の内容と基礎的・汎用的能力の関わりを簡単に説明する。
④ 全体計画（キャリア教育の視点から）
　・毎時間の学習活動の中から，キャリア教育の視点から身に付けさせたい能力を挙げる。（基礎的・汎用的能力に合わせて，具体的に挙げる）
　・本時の部分を太枠で表示する。
⑤ 1時間の指導案
　・基礎的・汎用的能力と関連付けた「キャリアの視点から見た重要なこと」を載せる。

## 紹介する教科と学年
① 国語科：小学校6年・中学校1年
② 社会科：小学校5年・中学校3年
③ 算数（小）・数学科（中）：小学校5年・中学校1年
④ 理　科：小学校6年・中学校3年
⑤ 英語科：中学校3年
⑥ 音楽科：中学校2年
⑦ 美術科：中学校1年
⑧ 体育科（小）・保健体育科（中）：小学校4年・中学校3年
⑨ 技術・家庭科（中学校）：1年（技・家とも）
⑩ 生活科（小学校）：2年

キャリアの視点に基づく授業実践例：小学校6年国語科

1　単元名
　読書の世界を深めよう　「森へ」「本は友達」　（光村図書『6年上　創造』）

2　単元の目標
・優れた情景描写や説明を読み，筆者の体の動き・心の動きに寄り添って，未知の自然の物語を味わう。
・様々なジャンルの本を読み，その特徴などを書いたり話したりして友達と紹介し合い，読書の世界を広げ深める。

3　単元とキャリア教育（社会的・職業的自立に必要な能力）との関わり
　本単元は物語文と説明文の両方の特徴をあわせもっている。筆者が自然の中に身を置いて感じたり考えたりしたことを，写真と文章で構成した作品である。筆者の自然に対する態度について考えさせることは，「自然」「命」など筆者が読者に考えてもらいたいことについて改めて考えを深めさせることにもつなげられる。
　叙述に即して表現の工夫を味わいながら筆者の心情を読み取り，その内容を基にした話し合いや計画づくりなどの学習活動を通して，キャリア能力が形成され，最後に，各自の役割を決めて行う読書発表会へとつながっていく。
　児童が主体的に学習に参加することにより，テーマを決定し，お互いに読み取ったことを基に話し合い，各自の役割を果たして発表する，というこれらの活動がより活発に行われるものと考える。そして，関連するキャリアの諸能力も国語の授業の中で育成することが可能と思われる単元である。

4　全体計画（全12時間）

| 時 | 主な学習内容 | 評価の観点 | キャリア教育の視点から身に付けさせたい能力 | 指導上の留意点 |
|---|---|---|---|---|
| 1～2 | ・これまでの読書経験を振り返ったり，「森へ」の全文を読んでの感想や印象を話し合ったりしながら学習計画を立てる。 | ・これまでの読書経験について話したり，「森へ」の感想や印象を発表したりしている。 | ・さまざまな感覚が想像できる言葉などを見つけていく力 | ・アラスカの自然を豊かに想像できる写真集や筆者の他の作品を用意し，子どもたちが「森へ」の学習と並行して読んでいけるように環境を整えておく。 |
| 3～7（本時5） | ・いろいろな感覚を働かせて，場面ごとに様子や筆者の心情を想像しながら読む。 | ・表現の工夫に着目して，森の様子や筆者の心の動きを想像しながら読んでいる。<br>・筆者の心情の変化を読み取り，主題について自分の意見を出している。 | ・叙述に即して内容を正しく読み取る力<br>・互いの考えを参考にしながら，自分の考えをまとめる力 | ・様子を想像することが難しい子どもには教科書の「たいせつ」を参考にして想像していくとよいことを伝える。<br>・「森へ」を読んで強く印象に残ったことは何かを振り返ってみる。 |
| 8～9 | ・「森へ」を読んで感じたことを基に，テーマに沿って自分の考えをまとめて，話し合う。 | ・自分たちで決めたテーマに沿い，自分の考えを二百字程度で書いている。<br>・学び合いを通して生まれた新たな気付きや自分の考えの変化を書き留めている。 | ・自分の考えに一番近いテーマを決定する力<br>・お互いの意見を述べ合い，話し合う力 | ・自分の頭で感じ，考えたことを大切に，自分の言葉で語る文章を書くよう指示する。<br>・話し合いの手引きを準備しておく。 |

| | 学習活動と内容・発問 | 評価規準（観点） | 付けたい力 | 指導上の留意点 |
|---|---|---|---|---|
| 10〜11 | ・友達から出された要望に合わせ，本の紹介文を工夫して効果的に書く。 | ・友達の要望に応える本を探し，必要なことに注目して読んでいる。<br>・友達の要望に合わせて，自分が伝える内容を選び，紹介の仕方を工夫して紹介文を書いている。 | ・要望に応える本を探す力<br>・紹介したい本を決定する力 | ・「情報カード」を準備しておく。<br>・聞く人が読んでみたいと思うように，紹介の内容，紹介の方法を工夫するよう助言する。 |
| 12 | ・読書発表会を行う。 | ・友達にすすめたい本の面白さや不思議さなどの紹介を工夫して発表している。 | ・協力して発表する力<br>・自己の果たすべき役割を努めようとする力 | ・感想を掲示するコーナーなどを設け，子どもたちの読書生活へとつなぐようにする。 |

## 5 本時の学習計画

（1）本時のねらい

○クマの道を歩くことで変化していく筆者の森に対する考えを，叙述に即して想像しながら読むことができる。

（2）本時の展開

| 過程 | 学習活動と内容・発問 | 指導上の配慮事項と評価 | キャリア教育の視点から見た重要なこと |
|---|---|---|---|
| 導入 | 1 本時の課題を確認する。 | | |
| 展開 | 2 筆者が，森に対して恐怖を感じていることが想像できる巧みな表現を，鑑賞しながら読む。 | ・比喩表現と疑問の表現を鑑賞の対象とする。<br><br>○表現の工夫に着目して，森の様子や筆者の心の動きを読み取ることができる。 | ○筆者の心情やその変化が分かる巧みな表現の方法を理解し，文章を読み取ることができる。<br><br>叙述に即して内容を正しく読み取る力 |
| 展開 | 3 森に対する恐怖心が消え，筆者が次第に森と一体化してくるのが分かる表現を探し出す。 | ・一人読みの場，グループで話し合う場，全体で話し合う場を設定する。<br><br>○主題について自分の意見を述べることができる。 | ○読み取った内容を自分の意見としてまとめ，発表することができる。<br><br>お互い読み取ったことを発表し合い，話し合いを深める力<br><br>お互いの考えを参考にしながら，自分の考えをまとめる力 |
| まとめ | 4 筆者の心情の変化を要約する。 | ・要約を不得意とする子どものために書き出しの部分を示す。 | |

キャリアの視点に基づく授業実践例：中学校1年国語科

1　単元名
　ちょっと立ち止まって（光村図書『国語1』）

2　単元の目標
・教材文の三つの例図が説明している内容やものの見方を正しく読み取り、それを基に身の回りの近似体験を探し出す。
・自分たちで考えた近似体験をグループで紹介し合い、伝え合う力を高めるとともに、思考力を育てる。

3　単元とキャリア教育（社会的・職業的自立に必要な能力）との関わり
　本単元は説明的文章の読解を中心とした授業構成になっている。本文中に示された三つの例図から、その図が説明しているものの見方を理解することを根底において、そこから自分の近似体験を考えるところに本単元のおもしろさがある。
　キャリア教育の視点から学習内容を見直すと、三つの例図を基に近似体験について考え、思い付いた近似体験をグループ内で紹介し合い、各自の役割を決めてグループ内の優秀例を発表するという活動を通して、選択や本質理解に関する「課題対応能力」や他者への働きかけなどの「人間関係形成・社会形成能力」へとつながっていく。
　生徒が主体的に学習に参加することにより、課題を決定し、お互いの体験例を基に話し合い、各自の役割を果たして発表する、これらの活動がより活発に行われるものと考える。そして、関連するキャリアの諸能力も国語の授業の中で育成することが十分に可能な単元である。

4　全体計画（全4時間）

| 時 | 主な学習内容 | 評価の観点 | キャリア教育の視点から身に付けさせたい能力 | 指導上の留意点 |
|---|---|---|---|---|
| 1 | ・教材文を読み、文章の構成や段落の役割を読み取る。 | ・序・本・末文という構成を読み取る。<br>・本文中で三つの図に関わる段落がどこかを読み取る。 | ・形式段落を序・本・末文の構成に分ける力<br>・三つの図に関わる段落を区分けする力 | ・本文を読む前に、三つの例図を拡大して全体に示し、「何に見えるか」を考えさせることで関心を高める。 |
| 2 | ・教材文の三つの例図が説明している内容やものの見方を読み取る。 | ・三つの例図が説明している内容を正しく読み取る。 | ・三つの例図が説明している内容を正しく読み取る力 | ・三つの例図から筆者が伝えたいことを読み取るための学習シートを作成し、考える道筋を支援する。 |
| 3（本時） | ・例図の示すものの見方に基づく近似体験を身の回りから探し、お互いに紹介し合う。 | ・例図の示すものの見方に基づく近似体験を考える。<br>・グループの中で、自分の近似体験を紹介し合い、意見を述べる。 | ・近似体験をお互いに紹介し合い、意見を述べ合う力<br>・お互いの近似体験の中から最も紹介したい例を決定する力 | ・話し合いの前に、考え付いた近似体験を自由に発表させ、思い付かない生徒の参考にする。<br>・話し合いの前に、司会、記録などの分担を決め進め方の手引きを作成し支援する。 |
| 4 | ・グループごとに、一番紹介したい近似体験を発表し合い感想を伝え合う。 | ・効果的な表現を考えて、伝えたい近似体験を分かりやすく発表する。<br>・役割を分担し全員が発表に関わる。 | ・グループで協力して発表する力<br>・自己の果たすべき役割を務めようとする力 | ・各グループの発表を聞き取る学習シートを作成する。<br>・自己評価、相互評価ができるようにする。 |

## 5 本時の学習計画

（1）本時のねらい
　〇例図が示すものの見方に基づく近似体験を考えることができる。
　〇グループの中で自分の近似体験を紹介し合い，そこから次回紹介する体験例を選ぶことができる。

（2）本時の展開

| 過程 | 学習活動と内容・発問 | 指導上の配慮事項と評価 | キャリア教育の視点から見た重要なこと |
|---|---|---|---|
| 導入 | 1　本時の学習のめあてを確認する。<br><br>　〇三つの例図が，それぞれどんなものの見方を説明しているのかを確認する。 | ・前時で使用した学習シートを基に，三つの例図が説明している内容を確認させる。 | 〇友達が様々な将来像や夢をもっていることに気付く。 |
| 展開 | 2　三つの例図の中から一つを選び，その図のものの見方に基づいた自分の近似体験を自分の身の回りから探す。 | ・書いてまとめる前に，思い付いた近似体験を自由に発表させ，思い付かない生徒の参考にさせる。<br><br>〇自分の身の回りから近似体験を具体的に考えることができる。 | 〇例図の内容を正しく読み取った上で，自分の体験を考え，まとめることができる。 |
| 展開 | 3　グループの中で，お互いの近似体験を紹介し合い，意見を交換し合う。 | ・司会，記録などの係を分担し，お互いの体験を紹介した後に，その例に対する意見を交換し合えるようにする。<br><br>〇互いの意見を取り入れながら，グループで優秀例を決めることができる。 | 〇様々な意見を基に，優秀例を決めることができる。<br><br>お互いに意見を述べ合う力<br><br>最も紹介したい例を考え，決定する力 |
| まとめ | 4　次時に発表する近似体験を決定し，発表の準備をする。 | ・発表において寸劇を取り入れる・模造紙などに図示するなどの工夫を取り入れるように支援する。 | 〇分かりやすく伝えるために，効果的な表現方法や役割分担を考える。 |

キャリアの視点に基づく授業実践例：小学校5年社会科

1　単元名
　　くらしを支える情報

2　単元の目標
・身近な人への取材や放送局への見学など様々な体験活動を行い，情報・通信などの産業が身近な生活場面で役立てられていることに気付くとともに，それに従事している人々の工夫や努力を理解し，主体的に情報を収集・選択して活用したり，発信したりすることの大切さについて考えることができる。
・通信などの産業に関する写真や図表などの資料を収集・選択し，情報の伝達と活用の様子をとらえたり，伝えたい情報を効果的に発信したりすることができる。

3　単元とキャリア教育（社会的・職業的自立に必要な能力）との関わり

　本単元は，放送局で働く人たちの姿を通して，我が国の産業と国民生活との関連について理解し，我が国の産業の発展に関心をもつことができるようにすることを最も大きなねらいとしている。特に日常生活に役立つ気象情報や日常生活への影響の大きいテレビ放送の事例を取り上げ，それらを情報の活用・伝達という観点から関連付けて学べるように構成した。児童たちが情報の活用や放送の仕組みだけではなく，情報の受信者と発信者という観点からも学習を進めていけるようにしたい。

　ふだん視聴しているテレビ番組の裏側では，たくさんの人たちが様々な思いをもって働いている。この事実を知ることは，児童たちにとっては大きな驚きであり，働くことへの興味・関心を高めるものであると考える。また，単元の後半では，調べて分かったことや考えたことなどを基に，ニュース番組作りをする活動を設けた。活動を通して，情報の受信者を意識しながら資料を収集・選択する能力が育ち，さらには，子ども一人ひとりが様々な情報について，その質や必要性を判断しながら取捨選択することで，情報を有効に活用していく資質が養われる。

　グループで協力してニュース番組を作る活動は，自分の持ち味を生かし，集団の中で役立つ喜びを感じるものである。こうした学習を通して行われる活動は，子どもたちに求められるキャリア教育における諸能力を大いに伸ばすことが期待される。産業に関する学習は，「キャリア教育推進の中核的存在」の1つであると言える。

4　全体計画（全6時間）

| 時 | 主な学習内容 | 評価の観点 | キャリア教育の視点から身に付けさせたい能力 | 指導上の留意点 |
|---|---|---|---|---|
| 1 | ・家族などへ取材したことを基に情報の役立て方について気が付いたことを話し合う。 | ・人々が入手した情報をどのように役立てているか考えることができる。 | ・調査結果から傾向や課題などを正しく読み取る力 | ・自分たちの生活と天気予報がどう関わっているか，利用の仕方を予想させることで，くらしと情報について関心を高める。 |
| 2（本時） | ・ニュース番組の写真やインタビュー映像を見て，番組作りについて話し合う。<br>・放送局見学のめあてを考える。 | ・多くの情報を伝えるテレビのニュース番組がどのようにして作られているか関心をもち，調査活動のめあてを考えている。 | ・写真や映像などの資料やグループでの話合いから課題を見出し，決定する力 | ・写真やインタビュー映像などの資料を提示し，話し合いや考える道筋を支援する。<br>・インタビュー内容の例などの資料を用意する。 |
| 3 | ・見学し，調べたことを基に番組作りに携わる人々が気を付けていることを整理し，考えをまとめる。 | ・取材内容をきちんとまとめている。<br>・番組作りに携わる人たちが，どんな工夫をしているか関心をもち，めあてを考えている。 | ・取材活動を通して，課題を追究する力<br>・課題解決に必要な内容を読み取り，簡潔にまとめる力 | ・インタビューの内容をまとめるシートを用意する。<br>・情報は人と人とがどのように関わって作られ，伝えられているか考えるよう助言する。 |

| | | | | | |
|---|---|---|---|---|---|
| 4・5 | ・各グループでニュース番組を制作し，発表会を行う。<br>①テーマ設定<br>②原稿作り<br>③役割分担<br>④発表 | ・情報を伝えてみようとする意欲をもって番組作りの計画を立てている。<br>・受け手によりよく伝える方法について考えながら話し合いを進めている。 | ・グループで課題解決に向かう力<br>・相手に分かりやすく情報を伝える力 | ・情報の伝え方にポイントを置いて話し合うよう助言する。<br>・グループの話し合いの中に原稿を互いに読み合って，意見交換する場を設定する。 |
| 6 | ・情報の役立て方と利用するときの心構えについて話し合う。 | ・発信の留意点を考えながら情報をよりよく生かしていこうとしている。 | ・学習した内容を生活にどう生かしていくか考え，決定する力 | ・情報をくらしにどう生かしていくか考えるよう助言する。 |

## 5　本時の学習計画

(1) 本時のねらい

　○ニュース番組作りの写真や，放送局の人へのインタビュー映像を見て，情報を伝える番組作りについての興味をもつことができる。

(2) 本時の展開

| 過程 | 学習活動と内容・発問 | 指導上の配慮事項と評価 | キャリア教育の視点から見た重要なこと |
|---|---|---|---|
| 導入 | 1　ニュース番組の冒頭部分を視聴する。 | ・次の活動につなげるため，放送開始時刻に着目するよう声をかける。 | |
| 展開 | 2　「順番ばらばらゲーム」を行う。<br>○写真を見ながら，ニュース番組ができるまでの流れを考える。 | ・ニュース番組を作る過程に興味をもったり，疑問を感じたりするような場面を提示する。 | ○多くの資料を読み取り，場面を正しくつなげていく。<br><br>様々な資料を整理し，学習活動に生かす力 |
| | 3　ニュース番組をつくるためにどんな「もの」・「人」・「こと」が関わっているか話し合う。<br>○それぞれの場面で，どんなことをしているのか予想する。<br>○放送局で働く人へのインタビューと写真から考える。 | ・「もの」「人」「こと」の３点に着目して考えることができるよう，板書や学習シートを工夫する。<br><br>○放送局の人たちの仕事内容に興味をもって，意欲的に話し合いを進めている。 | ○テーマに沿った内容を資料から読み取り，話し合いを進めている。<br><br>読み取った課題を基に互いに意見を述べ合う力 |
| | 放送局見学のめあてを考えよう | | |
| まとめ | 4　放送局見学のめあてをもつ。<br>○学習を振り返り，放送局で調べたいことや聞きたいことを考える。 | ・ニュース番組作りに関するめあてであることを強調する。<br><br>○ニュース番組作りについて興味をもち，放送局見学のめあてを考えている。 | ○情報を伝える職業に興味をもって，めあてを考える。<br><br>資料や話し合いから調べる課題を見出し，決定する力 |

キャリアの視点に基づく授業実践例：中学校3年社会科

## 1 単元名
わたしたちのくらしと経済 （東京書籍『新しい社会　公民』）

## 2 単元の目標
- 身近な具体例を基に，調査・話し合いを行い，流通や商業に携わる企業の努力や地域での役割を知るとともに，今までの生活体験を参考に出店計画を立てることで，自分たちの日常生活と経済との関係について自ら考えようとする態度を養う。
- 学習を通して身に付けた様々な知識を効果的に活用し，調査や話し合い，活動のまとめを円滑に進めることで，社会事象に対する興味・関心を高め，思考力を育てる。

## 3 単元とキャリア教育（社会的・職業的自立に必要な能力）との関わり

　本単元では，身近で具体的な事例を取り上げて経済活動についての興味や理解を深めることをねらいとして，生徒が日常生活で利用する機会の多い「コンビニエンスストア」を取り上げ，その発展から流通のしくみや経済活動の意義などを探る学習活動を計画した。
　コンビニエンスストアは，現在小売店として利用される他，若者のアルバイト先や地域のコミュニティーセンター的な役割を果たしている。また，環境問題などへも積極的に取り組んでおり，この点からも，企業の意義や社会的責任など経済活動に対する様々な視点をもつ格好の教材といえる。地域の産業や消費生活について考えることで，地域社会の一員としての自覚をもつとともに，将来に向けて，目指すべき職業を選択する力や将来の職業人として必要な資質など，キャリア教育に関連する諸能力を身に付けることが期待できる単元と考えられる。

## 4 全体計画（全4時間）

| 時 | 主な学習内容 | 評価の観点 | キャリア教育の視点から身に付けさせたい能力 | 指導上の留意点 |
|---|---|---|---|---|
| 1 | ・家計簿を基に所得と消費と貯蓄の関係について理解し，消費生活の課題について考える。 | ・収入と支出の関係を正しく読み取る。<br>・限られた収入を有効に活用するために何が必要か考える。 | ・資料を正しく読み取る力<br>・身に付けた知識を正しく活用する力 | ・いくつかの家計の例を紹介するとともに，自分で家計簿を作ることで，暮らしと経済について関心を高める。 |
| 2 | ・事例から消費者主権と企業の責任について考える。 | ・消費者問題とその解決策について，契約の意義から考え，発表する。 | ・多くの社会問題の原因を正しく読み取る力<br>・自立した消費者になるために必要な項目を見出す力 | ・様々な消費者問題の事例を提示し，考える道筋を支援する。 |
| 3 | ・流通のしくみや合理化について，コンビニエンスストアなどの小売店を例に考える。 | ・様々な資料から，流通のしくみと経営の工夫をとらえるとともに，コンビニエンスストアの急成長の理由を経営の合理化の資料からあげる。 | ・様々な資料から，課題解決に必要な内容を読み取る力<br>・経済活動のしくみを理解する力 | ・資料から，コンビニエンスストアの利用客はどんな人か，何か疑問に感じることはないか，自分の生活と照らし合わせて店の特色を探すよう助言する。 |
| 4（本時） | ・コンビニエンスストアの経営者という立場になって，地域の中での望ましい店の在り方を考え，出店計画を立てる。 | ・各グループで出店計画の報告会を行い，自分の店の経営方針や工夫などを分かりやすく発表する。<br>・経済活動の意義について考える。 | ・身に付けた知識を活用し，まとめ，表現する力<br>・社会生活のしくみや経済の役割について考える力 | ・自分の住む街がもっと暮らしやすくなるにはどんな店が必要なのか考えさせる。<br>・各班の発表を聞き取り，自分の考えをまとめる学習シートを作成する。 |

## 5　本時の学習計画

(1) 本時のねらい
　○出店計画について，積極的に話し合い，より良い出店場所を選ぼうとしている。
　○地域社会との連携など様々な視点から，地域の中での望ましい店の在り方について考えることができる。

(2) 本時の展開

| 過程 | 学習活動と内容・発問 | 指導上の配慮事項と評価 | キャリア教育の視点から見た重要なこと |
|---|---|---|---|
| 導入 | 1　今までの学習を確認する。<br>○地域のコンビニエンスストアを紹介。<br><br>2　本時の課題を確認する。<br>私たちの街にどんなコンビニエンスストアが必要か | ・前時で使用した学習シートや発表から，コンビニエンスストアの様々な経営の工夫などを確認させる。<br><br>・出店場所の候補地を地図で提示しておく。 | ○消費者と小売店など基本的な経済活動のしくみを理解する。<br><br>○地図を正しく読み取った上で，自分の生活や体験と結び付けて考えることができる。 |
| 展開 | 3　各グループで出店計画を立てる。<br><br>○私たちの住む地域に，「コンビニエンスストアを新たに出店する」としたら。<br>❶出店場所を考える<br>・どこに出店するか。<br>・なぜこの場所か。<br>・この場所だとどんな利点があるか。<br>❷どんな店がいいのか<br>・自分たちが出店する店の理念や方針を立て，キャッチフレーズを考える。 | ・利用者割合や年齢構成などの資料を参考に，よりよい出店場所を決めるよう助言する。<br><br>○資料を基に，コンビニエンスストアの出店計画について，各班で積極的に話し合いを進めている。<br><br>・コンビニエンスストア各社の企業理念や社会貢献活動なども紹介し，地域とのつながりにも目を向けさせる。<br><br>○地域の中での望ましい店の在り方について考えることができる。 | ○出店計画を通して，身近な消費活動についての課題意識をもち，経済活動の意義に興味をもつ。<br><br>身に付けた知識を活用し，まとめ，表現する力<br><br>○自分の生活する地域と経済の関係から，社会の中に様々な見方や考え方があることに気付く。<br><br>社会生活のしくみや経済の役割について考える力 |
| まとめ | 4　地域に合った店とは，どんな店なのか自分の考えをまとめる。<br><br>5　自己評価をする。 | ・学習を通して学んだことや感じたことを率直にまとめさせる。 | ○社会生活と経済活動の意義について考える。 |

キャリアの視点に基づく授業実践例：小学校5年算数科

1 単元名
　だいたいいくらになるのかな　（東京書籍「新しい算数」）

2 単元の目標
　・目的に応じて和や差を概数で見積もろうとする。
　・和や差の見当をつけるときに，概数を用いて考える。
　・概数を用いて，和や差を見積もることができる。
　・和や差の見当をつけるための，目的に応じた概数の仕方を理解する。

3 単元とキャリア教育（社会的・職業的自立に必要な能力）との関わり
　本単元は，お店で買い物をし，だいたいいくらになるのかを考える場面を問題にしている。児童にとって，日常の生活の出来事に近く，身近に感じることができる内容である。見積もりの方法としては，四捨五入，切り上げ，切り捨てがあり，予算や状況によって違ってくるため，場面把握をしながら解決していくというおもしろさを感じることができる。

　日常の生活の場面から必要な情報を収集することや，多様な考えを比較しながら自分の考えをまとめ，よりよい方向へ話し合うこと，さらに，既習事項を用いて，やり方を自分で決定し，条件に合わせて適切な方法で見積り問題を解くことは，課題解決につながる重要な要素であり，キャリア教育の考え方にも深く関わるものと思われる。

　児童がより主体的に学習に参加することにより，課題に沿った話し合いや条件に合った問題解決をするという，これらの活動が，より活発に行われるものと考える。そして，関連するキャリアの諸能力も，算数の授業の中で育成することが十分に可能な単元であると考える。

4 全体計画（全4時間）

| 時 | 主な活動内容 | 評価の観点 | キャリア教育の視点から身に付けさせたい能力 | 指導上の留意点 |
|---|---|---|---|---|
| 1 | ・買い物の経験について話し合い，教科書の絵から何が読み取れるのかを考える。 | ・3人はそれぞれ何を目的に買い物をしているのか気付いている。 | ・日常の生活の場面から必要な情報を収集する力 | ・教科書の絵の3人がそれぞれ目的をもって買い物をしていることに気付かせるために，吹き出しに着目して学習を進める。 |
| 2（本時） | ・教科書に登場する3人それぞれの合計代金の見当のつけ方について考える。 | ・目的に応じて，四捨五入，切り上げ，切り捨てをしていることがわかる。<br>・同じ位で概数にするとずれが少ないことがわかる。 | ・友達の考えを自分の考えと比べながら聞いて考え，みんなでよりよい考えにまとめていく力 | ・目的に応じて，四捨五入，切り上げ，切り捨てが行われていることを理解させるために，3人の買い物代金の見当のつけ方を吹き出しに着目しながら確認する。 |
| 3 | ・自分で買ったものの代金の合計を目的に応じたやり方で見当をつけて考える。（買い物ごっこ） | ・目的に応じて，四捨五入，切り上げ，切り捨てをし，概数を用いて考えている。 | ・既習事項を用いて，目的に応じた方法で問題を考える力 | ・目的を示して，それにあった見当のつけ方ができるように，前時のまとめを提示する。 |
| 4 | ・概数で計算して見当をつける問題を作って，解く。 | ・概数で見当をつけるような問題を考え，目的に応じた方法で問題を解くことができる。 | ・条件に合わせて，適切な見積もりの方法で問題を解く力 | ・問題作りの際は，具体的な条件をつけるようにして，適切な見積もりの仕方で問題を解く練習ができるように配慮する。 |

## 5 本時の学習計画

（1）本時のねらい
　○3人が見当をつけた買い物の代金について話し合うことを通して，目的に応じた適切な見積もりの仕方をまとめることができる。

（2）本時の展開

| 過程 | 学習活動と内容 | 指導上の配慮事項と評価 | キャリア教育の視点から見た重要なこと |
|---|---|---|---|
| 導入 | 1　本時の学習のめあてを確認する。<br><br>○3人の買ったものを確認する。 | ・絵をもとに，3人の買ったものを確認させる。 | |
| 展開 | 2　3人の買い物代金の見当のつけ方を考え，どんなところが違うのか，どんなところがいいのかを話し合う。 | ・目的に応じて，四捨五入，切り上げ，切り捨てが行われていることを理解させるために，3人の買い物をした代金の見当のつけ方を吹き出しに着目するよう支援する。<br>・話し合いの視点を示し，よりよいコミュニケーションがとれるよう支援する。<br><br>○目的に応じて，四捨五入，切り上げ，切り捨てをしていることがわかる。<br><br>○同じ位で概数にするとずれが少ないことがわかる。 | ○友だちの考えを自分の考えと比べながら聞いて考えることができる。<br><br>よりよい考えにまとめていく力 |
| まとめ | 3　3人の買い物に代金の見当のつけ方をまとめる。<br><br>4　次時の学習内容を確認する。 | ・四捨五入，切り上げ，切り捨ては，どんなときに使えば便利なのかを中心にまとめるようにする。<br><br>・次時は，お買い物ごっこをしながら，目的に合わせた見積もりの方法で問題を解くことを予告する。 | ○場面を把握して，課題を解決することができる。<br><br>日常の生活場面から必要な情報を収集して考える力 |

キャリアの視点に基づく授業実践例：中学校1年数学科

## 1 単元名
方程式～1次方程式の利用～

## 2 単元の目標
- 数量の関係を文字を用いて表そうとしたり，方程式を解く手順を見い出したりするなど，意欲的に問題の解決に活用しようとする。
- 等式の性質や解き方の手順を導くことができ，いろいろな問題に方程式を活用することができる。
- 数量の間の関係を等式で表し，等式の性質や移項の考え方を使って方程式を解くことができる。事象を1元1次方程式で表し，これを解いたり，合理的に処理したりすることができる。
- 1次方程式やその解の意味，等式の性質を用いて，問題を解く手順を理解している。

## 3 単元とキャリア教育（社会的・職業的自立に必要な能力）との関わり
　本単元は，等式の意味や性質，移項の考え方などを用いて方程式を解く学習をするとともに，既習の知識を基に様々な問題に方程式を活用することで，数学の楽しさや数学的に考えることのよさに気付き，数学的なものの見方や考え方を身に付け，事象を筋道立てて考えることをねらいの一つとしている。身の回りの事象や出来事を論理的に考察し，手際のよい方法で能率的に処理することは難しいことではあるが，キャリア教育の視点から見ると大切な能力に値する。

　また，グループやペアによる話し合い活動やコース別学習を取り入れることで，新たな見方や考え方を知り，互いの意見交換を通して，よりよい考え方を導くとともに，自ら学ぶことの楽しさや充実感を味わうことができる。この点からも，キャリアの諸能力を授業の中で育成することが十分に可能な単元であると考える。

## 4 全体計画（全5時間）

| 時 | 主な活動内容 | 評価の観点 | キャリア教育の視点から身に付けさせたい能力 | 指導上の留意点 |
|---|---|---|---|---|
| 1（本時） | ・数量の間の関係を方程式で表し，問題解決のために方程式を用いる。 | ・図や表を用いて，積極的に数量関係を調べ，数式に置き換えることができる。<br>・問題解決のために方程式を活用しようとする。 | ・具体的な事象の数量関係を図や表を使って表す力<br>・話し合いや練り合いの学習において，互いの意見や考え方のよさを認め合う力 | ・課題別コース学習を行い，目的や自分にあった課題を選択し，追究させる。<br>・問題解決学習において意見交換の場を設定し，よりよい考えを導き出す。 |
| 2 | ・いろいろな問題例を解くことで，立式について考える。 | ・方程式を利用して，問題を解決する手順を理解している。 | ・得られた知識や処理方法，見方や考え方などを解決の手がかりとし，新たな問題や知識などを発見する力 | ・解き方のヒントを与える。<br>・1次方程式には目的に応じて，複数の解き方があることを確認する。 |
| 3 | ・文章題における解の吟味をする。 | ・方程式を作り，解を求めるとともに，その手順や解の適否を説明することができる。 | ・既習の知識を基に考察したり，問題点を整理したりして目的に応じた方法で問題を考える力 | ・問題によっては，方程式の解が，そのまま文章題の答えにならないことを確認する。 |
| 4～5 | ・文章題を自作し，互いに問題を解き合う。 | ・自分で数量関係を考え出し，文章題を作ろうとしている。<br>・互いの発表から新たな問題や知識などを発見するための見通しをもつ。 | ・自ら課題を見つけ解決する活動を通して，自ら学ぶことの楽しさや充実感を味わいながら学習を進める力<br>・自他の考えや方法などのよさを認め合い，発展的に数理的な処理を進める力 | ・問題作りの際は，具体的な条件をつけるようにして，適切な数量関係を考え出すことができるように配慮する。<br>・発表を聞いて，まとめ方のよかったところについて自分のプリントにメモさせる。 |

## 5　本時の学習計画

（1）本時のねらい
　○図や表を用いて数量関係を調べ，数式に置き換えることができる。
　○問題解決のために方程式を用いることで，方程式を立てて解くことのよさを見出すことができる。

（2）本時の展開

| 過程 | 学習活動と内容 | 指導上の配慮事項と評価 T1 | 指導上の配慮事項と評価 T2 | キャリア教育の視点から見た重要なこと |
|---|---|---|---|---|
| 導入 | 1　本時の学習課題を把握する。 | ・全員で今日の課題について確認する。 | ・学習プリントを配布する。 | |
| | きょうすけさんの学校では，1年生118人が農業体験をする6つの班とボランティア体験をする4つの班に分かれて活動します。<br>1つの班の人数は，農業体験をする班がそれぞれ同じ人数で，ボランティア活動をする班がそれより2人ずつ多くなりました。農業体験をする班の人数をいろいろな考え方で求めてみましょう。 | | | |
| 展開 | 2　課題に取り組む。 | ・机間指導をしながら，つまずいている生徒に対して助言し，思考を促す。<br>・発表する生徒を決め，発表のための準備を支援する。 | ・課題について，理解していない生徒に説明する。<br>・いろいろな解き方が出てくるようヒントを用意する。 | ○具体的な事象の数量関係を図や表を使って調べ，そこから方程式を立てて解を導く。<br><br>具体的な事象の数量関係を図や表を使って表す力 |
| | | ○図や表を用いて，積極的に数量関係を調べ，数式に置き換えることができる。 | | |
| | 3　課題の解決方法について話し合う。<br>・考えを発表し，解決方法について検討する。 | ・それぞれの解き方について発表させる。<br>・簡潔に表すために方程式を使って立式することに気付かせる。 | ・机間指導をして，プリントに友達の考えをまとめさせる。<br>・方程式の解き方の手順を確認する。 | ○グループでの話し合い，練り合い学習において互いの意見をもとによりよい考えを導き出す。<br><br>互いの意見や考え方のよさを認め合う力 |
| | | ○問題解決のため，方程式を用いようとする。 | | |
| まとめ | 4　まとめをする。<br>・今日の課題の解決方法について，自分で分かったこと，感じたことをノートにまとめて発表する。 | ・プリントに自分の言葉で今日の学習のポイントをまとめさせる。<br>・まとめの内容を確認して，発表者を決める。 | ・学習の成果を発表した生徒の動きで，どこがよかったかを考えさせ，動きのポイントをまとめる。 | ○自分や他の発言，考えなどによって学習が展開し，深まっていくことがわかる。<br><br>自ら学ぶことの楽しさや充実感を味わいながら学習を進める力 |
| | | ○方程式を使って解くことのよさを感じる。 | | |
| | 5　練習問題を解く。 | ・机間指導をして，解いた生徒の解答を確認する。 | ・机間指導をしながら，つまずいている生徒を支援する。 | |

キャリアの視点に基づく授業実践例：小学校6年理科

1　単元名
　　生き物のくらしとかんきょう

2　単元の目標
・生き物と空気，食べ物，水との関わりについて，進んで考えようとする態度を養う。
・これまでの学習や生活経験などを想起しながら，空気中の酸素は植物が出していること，人や動物の食べ物のもとは植物であること，生きている植物だけでなく，かれた植物も動物の食べ物になっていること，水は生き物にとって不可欠なものであることを実験や調査を通して理解できるようにする。
・生き物は互いに関わり合って生きていることをとらえられるようにする。

3　単元とキャリア教育（社会的・職業的自立に必要な能力）との関わり
　　本単元は，これまでの学習や生活における経験をもとに，生き物と空気，食べ物，水の関わりの深さについて実験や調査を通して理解し，そこから生き物どうしのつながりを認識できるような構成になっている。そして，身のまわりの環境を体感的にとらえるとともに，より広義の環境について意識付けをしていくことで，今後の学習へとつなげ，将来の社会の一員としての役割について考えることができるようにするものである。
　　キャリア教育の視点から見ると，まず大まかに生き物と空気，食べ物，水の関わりについて考えるために既習の内容を出し合い，互いの考えから見通しを明らかにしていく活動や，個別の関わりを追究するための実験・調査において役割を分担し，それを果たしていく場面，さらに単元全体の学習を通して，生き物とまわりの環境について総合的にまとめる活動が重要である。
　　既習の内容の確認を丁寧に行い，生き物と環境の関わりに対する興味を喚起することで，現代の社会問題の一つである環境問題に目を向け，自分の問題として考えるきっかけにできると考える。そして，環境を考えることは，地球上に生活する人間として生き方を考えることであり，この点がキャリア教育の視点につながる単元であるといえる。

4　全体計画（全7時間）

| 時 | 主な学習内容 | 評価の観点 | キャリア教育の視点から身に付けさせたい能力 | 指導上の留意点 |
|---|---|---|---|---|
| 1 | ・生き物と空気，食べ物，水との関わりについて考える。 | ・人や動物や植物と空気，食べ物，水との関わりに興味をもち，それらの関係について考えようとする。 | ・これまでの学習，生活経験からそれぞれの関わりについての考えを述べ合う力 | ・これまでの学習や日常の生活経験から関わりを想起できるようにする。 |
| 2（本時） | ・空気中に酸素を出しているものは何かを考え，植物が二酸化炭素をとり入れて酸素を出しているか調べる。 | ・植物を袋に密閉して日光に当て，中の酸素と二酸化炭素の体積の割合の変化を気体検知管を用いて調べ，結果をまとめることができる。 | ・気体検知管を用いて必要なデータを集める力<br>・植物が酸素を出すことを実験で明らかにする力 | ・酸素が消費されてもなくならない点に着目できるようにする。<br>・植物のはたらきを明確にするための実験の条件を考えられるようにする。 |
| 3〜4 | ・人の食べ物の基は何かを考え，一つ一つの材料をたどってみる。また，動物の食べ物の基はなにかを調べる。<br>・かれた植物が動物の食べ物になっているかを調べる。<br>・ダンゴムシを飼ってかれた植物を食べるか調べる。 | ・人や動物の食べ物の基は植物であると考えることができる。<br>・かれた植物が動物の食べ物になっているか，実際に観察したり資料を調べたりして，結果をまとめることができる。 | ・食べ物の基をたどっていく力<br>・調べたことから食べ物の基になっているものを導き出す力 | ・日常の食事や動物の飼育経験をもとに，食べ物のもとについて考えられるようにする。<br>・かれた植物がいつの間にか無くなってしまうことに気付けるようにする。 |

| 過程 | | | | |
|---|---|---|---|---|
| 5〜7 | ・生き物と水との関わりについて調べる。<br>・生き物と空気,食べ物,水との関わりについて調べたことを整理して発表し,まとめる。 | ・生き物と水との関わりについて資料などを基に調べ結果をまとめることができる。<br>・調べたことを整理し,生き物と空気,食べ物,水との関わりについてまとめ,自然界のつながりを総合的に考えることができる。 | ・生き物にとっての水のはたらきを探る力,グループで調べたことをまとめ発表する力<br>・生き物とまわりの環境との関わりについてまとめる力 | ・水がないとどうなるかという観点から,水との関わりについて考えられるようにする。<br>・自然界のつながりを総合的に捉えることで,生き物が生きていく環境に目を向けられるようにする。 |

## 5　本時の学習計画

（1）本時のねらい

　〇植物を袋に密閉して日光に当て,中の酸素と二酸化炭素の体積の割合の変化を気体検知管を用いて調べ,結果をまとめることができる。

（2）本時の展開

| 過程 | 学習活動と内容・発問 | 指導上の配慮事項と評価 | キャリア教育の視点から見た重要なこと |
|---|---|---|---|
| 導入 | 1　学習課題を確認する。<br>〇これまで学習した人や動物と空気の関わりについて確認する。<br>〇空気中に酸素を出しているものは何かを考えて,意見を交換する。 | ・前時の学習で特に空気に関わる点についてのみ確認できるようにする。<br>・酸素が消費されてもなくならない点に着目できるようにする。 | 〇級友が様々な将来像や夢をもっていることに気付く。 |
| 展開 | 2　日光にあてた植物と空気との関わりについて気体検知管を用いて調べる。 | ・植物のはたらきを明確にするための実験の条件を考えられるようにする。<br>・気体検知管の使い方を確認する。<br>〇器具を正しく用いて,酸素と二酸化炭素の体積の割合の変化を調べ,結果をまとめることができる。 | 〇例図の内容を正しく読み取った上で,自分の体験を考え,まとめることができる。<br>正確に実験を進め,必要なデータを集める力 |
| | 3　結果からどんなことがいえるか考え,意見を交換する。 | | 〇実験データから考察を行う場面で植物と空気の関わりを指摘することができる。<br>実験結果を基に考察する力 |
| まとめ | 4　生き物と空気の関わりについてまとめる。 | ・各気体の体積の割合の変化が何によって起きたのかに着目できるようにする。 | 〇分かりやすく伝えるために,効果的な表現方法や役割分担を考える。 |

キャリアの視点に基づく授業実践例：中学校３年理科

## 1 単元名
自然と人間

## 2 単元の目標
- 生物のつながりや物質の循環について積極的に考察し，進んで環境保全の意義を考えようとする。
- 生物のつながりや物質の循環について１種類の生物が環境に与える影響に気付き，環境保全のために何ができるのか考えることができる。
- 分解者のはたらきを的確に調べることができる。また環境保全についての実験方法や調査方法を工夫して，結果を自分の力でまとめることができる。
- 生物のつながりや物質の循環の仕組みを説明できる。また現在の地球がかかえる環境問題について，例を挙げて説明できる。

## 3 単元とキャリア教育（社会的・職業的自立に必要な能力）との関わり

本単元は身近な自然環境と人間との関わりを調べることで，環境に関する意識を高めることができる。そのことが将来エネルギー問題等に対応できる人材育成につながるものと考える。

グループで協力し実験計画を立案したり，準備する係や発表する係等を決めたりする過程で，実験の成功に必要な互いの協力や役割分担の意識を高めていきたい。さらに，自分たちで立案した計画通りに学習活動を進めた後の討論の際，自分たちの主張を裏付けるために各種媒体から情報を収集し，活用することで資料活用の力が高まると考える。

自分たちで実験計画を立てたり，自分たちの主張を科学的な根拠に基づいて発表したりと，学習過程を工夫することでキャリア教育の視点から身に付けさせたい能力が十分高まることが期待できる。

## 4 全体計画（全10時間）

| 時 | 主な学習内容 | 評価の観点 | キャリア教育の視点から身に付けさせたい能力 | 指導上の留意点 |
|---|---|---|---|---|
| 1 | ・森に住む生物の食物連鎖を矢印で表す。 | ・食べる，食べられるの関係を矢印で表すことができる。 | ・図鑑などを読み，食性を調べる力 | ・記述のさせ方に配慮し，矢印の始まる点と終わる点がどの生物なのか明確にすることができるようにする。 |
| 2 | ・煮干しの胃の内容物を調べる。 | ・煮干しの胃の内容物をとり出し，顕微鏡で観察できる。 | ・実験器具を適切に扱う力 | ・前時に学習した食物連鎖の矢印が正しいことを実感できるように資料を提示する。 |
| 3～4 | ・土の中に住む分解者のはたらきを調べる。 | ・有機物が分解者によって無機物に分解されることを見いだすことができる。 | ・グループで実験計画を立てる力<br>・計画に基づいて実験する力 | ・ヨウ素液の色の変化について，その理由を明確に説明できるように支援する。 |
| 5～7 | ・身近な自然環境を調査する。 | ・身近な自然環境の実態を調査し，報告できる。 | ・グループで協力して発表する力<br>・調査器具を適切に扱う力<br>・調査活動の役割分担をする力<br>・計画に基づいて調査する力 | ・報告会を開き，身近な自然環境について共通理解を図ることができるようにする。 |
| 8～10（本時） | ・いろいろな感覚を働かせて，場面ごとに様子や筆者の心情を想像しながら読む。 | ・環境保全について考えを深めることができる。 | ・グループで活動計画を立てる力<br>・環境保全に関するデータを集める力<br>・討論会の役割分担をする力<br>・計画に基づいて討論活動をする力 | ・ディベート形式で行い，第三者に講評してもらう。<br>・科学的な裏付けに基づいて発言するよう指示する。<br>・一人最低１回は活躍する場面を設けるよう指示する。 |

## 5 本時の学習計画

（1）本時のねらい
　○自然と人間のかかわりについて科学的・論理的に考え，自分の意見としてまとめることができる。

（2）本時の展開

| 過程 | 学習活動と内容・発問 | 指導上の配慮事項と評価 | キャリア教育の視点から見た重要なこと |
|---|---|---|---|
| 導入 | 1　本時の課題を確認する。<br><br>　○徹底討論<br>　　自然保護 VS 都市化 | ・学習の流れを明確にし，発言が科学的なものとなるよう指示する。 | |
| 展開 | 2　討論会を行う。<br>❶自然保護派が自分たちの考えを主張する。<br>❷都市化派が自然保護派に質問する。<br>❸都市化派が自分たちの考えを主張する。<br>❹自然保護派が都市化派へ質問する。<br>❺自然保護派が最終結論を述べる。<br>❻都市化派が最終結論を述べる。 | ・教師が司会をし，討論が感情的にならないよう進める。<br>・討論の内容がねらいから外れそうなときは直ちに修正する。<br>・科学的根拠に基づいて結論を述べるよう指示する。<br><br>○討論を通して，環境保全に関する自らの考えを深めることができる。 | ○説明やPCなど各自の役割を確実に果たすことができる。<br><br>自分の役割を果たそうとする力<br><br>○質問や話し合いで適切な回答を引き出すことができる。<br><br>情報を取捨選択し，自分の考えをまとめる力 |
| まとめ | 3　センター指導主事の判定を聞く。<br><br>4　学習シートに討論を終えて学んだことを記入して発表する。 | ・討論した結果，考えが変わった生徒に発表させる。 | |

キャリアの視点に基づく授業実践例：中学校3年英語科

1　題材名
　　Cell Phones - For or Against?（東京書籍「NEW HORIZON 3」）

2　題材の目標
　・テーマについて賛成か反対かの自分の意思を表そうとしたり，議論に役立つ表現を用いながら，自分の意見を述べようとしたりする。
　・後置修飾の文型を用いて，身近な内容について紹介したり説明したりする英文を書くことができる。
　・議論に対するその人の考えや理由を読み取ることができる。
　・後置修飾や間接疑問文の構造を理解する。

3　題材とキャリア教育（社会的・職業的自立に必要な能力）との関わり
　　本題材で扱う主な言語材料は，現在分詞及び過去分詞による後置修飾と間接疑問文である。特に分詞の後置修飾を学習することにより，「～している人」「～された物」という表現が可能になり，人を紹介したり物を説明したりする時に更に幅広い表現ができるものと期待できる。いろいろな人や物について英語で表現する活動を通して，生徒自らが考えて表現しようとする意欲を喚起するのにふさわしい題材である。
　　キャリア教育の視点から見ると，教科の特性からコミュニケーション能力は常に問われることになる。その他に本題材では，生徒にとって身近なテーマについて議論が展開されていることから，テーマに対するその人の意見を聞き取ったり読み取ったりする活動や，テーマに対して賛成か反対かの自分の意見や理由を決める場面で，情報収集や選択・判断する力が試される。また，様々なテーマについて考えたり多数の意見を聞いたりすることにより，他者の考えや立場を理解することもできる。
　　本題材は，生徒にとって大変身近なテーマを取り上げており，詳しく描写する楽しさや自分の意見を述べるという点で英語の醍醐味を味わうことができる内容である。計画の仕方によってはキャリアの様々な能力を育成することができる可能性をもった題材である。

4　全体計画（全7時間）

| 時 | 主な学習内容 | 評価の観点 | キャリア教育の視点から身に付けさせたい能力 | 指導上の留意点 |
|---|---|---|---|---|
| 1（本時） | ・現在分詞の後置修飾の理解と運用 | ・現在分詞の後置修飾を用いて，家族等を紹介する英文を作ることができる。 | ・家族等について級友と紹介し合う力<br>・話し手の内容を聞き取る力 | ・活動の前の口頭練習を十分に行うことにより，個々の生徒がスムーズに英文を作れるよう支援する。 |
| 2 | ・過去分詞の後置修飾の理解と運用 | ・過去分詞の後置修飾を用いて，身近な物について説明する英文を作ることができる。 | ・身近な物について級友と説明し合う力<br>・話し手の内容を聞き取る力 | ・活動に使用する語句の発音練習や意味の確認を十分行い，活動を支援する。 |
| 3 | ・間接疑問文の理解と運用 | ・間接疑問文について，意味や構造を理解している。 | ・相手や場面に応じて適切な英文を用いて，互いにやり取りする力 | ・理解できないでいる生徒には，TTのメリットを生かして，個別指導する。 |
| 4～6 | ・本文の内容理解 | ・本文の内容を読み取ることができる。 | ・テーマに対するその人の考えや理由を読み取る力 | ・内容理解の助けとなるように，読み取りのポイントを示唆する。 |

| 7 | ・Your Turn | ・掲示板の意見に対して自分の意見を理由とともに述べようとする。 | ・テーマに対して賛成か反対かの自分の意見やその理由を決定する力<br>・自分の意見をもち，様々な人の考えに耳を傾ける力 | ・複数の内容の掲示板を用意し，生徒の興味・関心に応じて選択できるよう支援する。 |

## 5　本時の学習計画

（1）本時のねらい

　〇現在分詞の後置修飾を用いて，人物について様子や状態を詳しく描写する英文をつくって紹介することができる。

（2）本時の展開

| 過程 | 学習活動と内容・発問 | 指導上の配慮事項と評価 | キャリア教育の視点から見た重要なこと |
|---|---|---|---|
| 導入 | 1　現在進行形の文を復習する。<br>　〇教師の対話を聞き取りながら，現在分詞の後置修飾の文型に気付く。<br>2　本時の課題を確認する。 | ・机間指導を行いながら，既習事項を必要に応じて助言する。<br>・対話の前に聞き取りのポイントを示し，生徒が基本文を理解しやすいよう支援する。 | |
| 展開 | 3　絵を見ながら基本文型を口頭練習する。 | ・個々の生徒が英文を言う回数ができるだけ多くなるように，TTのメリットを生かしながら効率よく練習を行う。 | |
| | 4　クラスの写真について生徒同士でＱ＆Ａを行う。 | ・下位生徒も後置修飾の文に慣れるように，できる生徒に様々な質問をつくらせる。 | 〇口頭練習を生かして，スムーズに英文をつくることができる。 |
| | 5　写真を用いて家族等を紹介する文をつくり，ペアで紹介し合う。 | ・机間指導を行いながら生徒の様子をチェックし，紹介文作りのポイントを助言する。 | 〇自分の家族や自分に関する情報を分かりやすく相手に伝えることができる。 |
| | | 〇現在分詞の後置修飾を用いて，家族等を紹介する英文を作ることができる。 | 自分の家族等について互いに紹介し合う力 |
| まとめ | 6　友達の紹介を聞き，自分の紹介文を練り直す。 | ・紹介で得た情報をさらに明確にしたり，確認したりするように助言する。 | 〇他者の発表を参考にして，よりよい紹介文を書くことができる。 |
| | | | ・話し手の内容を聞き取る力 |

キャリアの視点に基づく授業実践例：中学校2年音楽科

## 1 題材名
旋律のまとまりを感じ取り，歌詞のイメージが伝わるように，表現を工夫して歌おう。

## 2 題材の目標
・旋律のまとまりを感じ取り，詩情にふさわしいイメージをもち，頭声発声を意識しながら歌うことができる。

## 3 題材とキャリア教育（社会的・職業的自立に必要な能力）との関わり

この題材では歌詞の内容や曲想を理解し，味わうことによって，自己のイメージや感情を曲にふさわしい表現に生かす能力を伸ばすことをねらいとしている。イメージを表現するために，自分がなぜそのようなイメージをもったのか，根拠を探すことが必要である。歌詞・曲の仕組みを考えながら，曲を味わい，その曲のよさを見つけることで，どのように表現が工夫されているのか理解できるようになると考える。さらに，発声，呼吸，ハーモニーなど，表現に必要な技能の習得と連動させることで，豊かな表現につなげることができると考える。

歌詞に対するイメージをもち，豊かな表現を工夫するためには，まずは楽譜を読み取る力が必要である。そして，合唱は全員で創りあげるものであることから，自分で感じたことを相手に発信する力も必要であり，仲間との意見交換を通して，互いの意見を尊重し合い，学ぼうとする力へとつながっていくと考える。

生徒が主体的に学習に参加することで，課題を確認し，豊かな表現へとつながるものと考える。個人，グループ活動，全体活動など，その場に合った学習形態を取り入れながら学習過程を工夫することで，キャリア教育の視点から身に付けさせたい能力が十分高まることが期待できる。

## 4 全体計画（全7時間）

| 時 | 主な学習内容 | 評価の観点 | キャリア教育の視点から身に付けさせたい能力 | 指導上の留意点 |
|---|---|---|---|---|
| 1 | ・曲想の変化を感じ取り，シンコペーションのリズムをたたくことができる。 | ・シンコペーションのリズムを理解し，簡単なリズムをたたくことができる。 | ・曲想の変化を聴き取る力 | ・音楽に合わせ，手拍子でシンコペーションのリズムを含むリズム練習を行う。 |
| 2 | ・各パートの役割を生かし，のびのびと歌う。 | ・腹式呼吸の仕方や腹筋を意識した歌い方ができる。 | ・腹式呼吸の仕方や腹筋を意識し，歌い方を工夫する力 | ・腹式呼吸や腹筋を使った歌い方のトレーニング方法を工夫する。 |
| 3 | ・お互いのパートの役割を意識しながら合唱をする。 | ・強弱，速度表示，歌詞の内容などから場面ごとの歌い方を工夫することができる。 | ・これまでの学習を通して，楽譜を読み取る力 | ・一人ひとりの歌い方を確認し，助言する。 |
| 4 | ・口形を意識しながら，「夏の日の贈りもの」の音とりをする。 | ・フレーズのまとまりを感じ取りながら，音とりをすることができる。 | ・パート練習の際，自分の役割を認識し，仲間と協力して活動する力 | ・役割分担を徹底し，一人ひとりが意欲的に活動できるように支援する。 |
| 5 | ・強弱の変化を感じ取りながら，パート練習をする。 | ・強弱の変化を意識しながら，仲間と協力して活動することができる。<br>・母音の口形に気を付け，頭声発声を意識しながら歌うことができる。 | ・話し合いを通して，仲間と協力して取り組もうとする力<br>・よりよい発声につながるように自ら考え，主体的に解決する力 | ・様々な視点から意見を出しあえるように助言する。 |
| 6（本時） | ・歌詞の内容をイメージし，詩情にふさわしい表現方法を工夫する。 | ・歌詞の内容を理解し，自分なりのイメージをもち，ふさわしい表現方法を工夫することができる。 | ・音楽を形作っている要素や構造，歌詞と旋律の結び付きなどから，表現方法を工夫する力<br>・互いの意見を尊重し，他の | ・イメージをふくらませ，詩情にふさわしい表現につなげるために，楽譜を丁寧に読むように助言する。 |

| | | | 意見から学ぶ力 | |
|---|---|---|---|---|
| 7 | ・より豊かな合唱方法を工夫し，合唱の楽しさを味わう。 | ・模範となる合唱の映像と，自分たちの合唱の映像を比べ，違いを感じ取っている。 | ・模範となる合唱の映像と自分たちの合唱を見比べ，課題に気付き，主体的に解決しようとする力 | ・より豊かな表現につなげるため，自分たちの合唱を客観的に見て，課題に気付けるように支援する。 |

## 5 本時の学習計画

（1）本時のねらい

　○歌詞に対する自分なりのイメージをもち，それにふさわしい表現方法を考え，合唱を創る。

（2）本時の展開

| 過程 | 学習活動と内容・発問 | 指導上の配慮事項と評価 | キャリア教育の視点から見た重要なこと |
|---|---|---|---|
| 導入 | 1　全体でウォームアップを行う。<br>　○腹式呼吸，発声を含んだ準備体操を行う。<br>2　合唱をする。<br>3　本時の課題を確認し，学習のめあてを記入する。 | ・口形を意識し，強弱を確認しながら歌うことを確認する。<br><br>・本時の課題を伝える。<br>○歌詞のイメージを表現する方法を考えて自分たちの合唱を創ろう！ | |
| 展開 | 4　歌詞のイメージに合った表現方法を考える。<br><br>　○歌詞の内容に合った映像を見る。<br>　○歌詞に対するイメージをまとめる。<br>　○グループを3つ作り，ふさわしい表現方法を考える。 | ・歌詞の内容に合った映像を準備する。<br>・文章にまとめることに難儀している生徒にはアドバイスカードを配る。<br>・キーワードを準備し，キーワードをもとに表現方法を考えることができるようにする。<br><br>○歌詞の内容を理解し，自分なりのイメージをもち，ふさわしい表現方法を工夫することができる。 | ○映像や旋律，楽譜などの情報から歌詞の具体的なイメージをまとめることができる。<br><br>歌詞のもつイメージにふさわしい表現方法を工夫する力<br><br>○音楽を形作っている要素や構造や歌詞と旋律の結び付きなどから，互いの表現方法を表すことができる。<br><br>根拠を基に互いに意見を述べ合う力 |
| まとめ | 5　合唱をする。<br>　○各グループで考えた方法を紹介し合い，自分たちの表現を確認する。<br>6　次時の課題を確認する。<br>　○振り返りカードに記入する。 | ・拡大楽譜を用いて，全員で表現方法を確認できるようにする。<br><br><br>・振り返りカードを使って自己評価をさせ，自分の変容を確認できるようにする。 | ○意見交換を通して，自他のグループのよさに気付くことができる。<br><br>互いの意見を尊重し，他の意見から学ぶ力 |

キャリアの視点に基づく授業実践例：中学校1年美術科

1 単元名
　色の世界

2 単元の目標
- 身のまわりの色彩を楽しみ，関心をもつことができる。
- 色の性質や感情，色の組み合わせを生かした表現テーマを発想することができる。
- 材料や用具の効果的な技法を生かしながら，より自分のイメージに近づけて計画的に表そうとすることができる。
- 作品に用いられた色彩のよさや美しさを味わうことができる。

3 単元とキャリア教育（社会的・職業的自立に必要な能力）との関わり
　美術の授業の中では絵の具で色を作るなど，色を自分の道具として扱う機会が多い。色彩は人間が生活する上で不可欠の要素である。美術の時間に色について系統的に学習することで，作品づくりのみならず，視野を広げ，生活をより豊かにすることにつなげていきたいと考える。1年生の段階でこうした色彩についての学習をすることで，今後の中学校での作品作りがより深まることを期待し本題材を設定した。
　本題材では，図書館の豊かな資料を活用することにより，生徒一人ひとりが，書籍の中から色について発見し，興味深いと感じた内容をテーマとして作品作りを行う。その過程において生徒は，作品作りの参考となる書籍，つまり情報を自ら選択しなければならない。また，鑑賞やお互いのアイディアや考え，感じたことなどを率直に述べ合うことで創造性がより高まるとともに，キャリア教育に関する能力を身に付けることへとつながっていくと思われる。お互いのよさを認め合うことができるような雰囲気作りで支援していきたい。

4 全体計画（全5時間）

| 時 | 主な学習内容 | 評価の観点 | キャリア教育の視点から身に付けさせたい能力 | 指導上の留意点 |
|---|---|---|---|---|
| 1 | ・色覚の実験を行う。<br>・色彩の基礎（色の三要素・明度・彩度）について学習する。 | ・色の働きに興味をもつ。<br>・色に関する基礎的な知識を身に付けている。 | | ・色に関わる基本的な用語を確認するプリントを用意する。 |
| 2 | ・色の世界について，作品のテーマにしたい内容を考え構想を練る。 | ・資料から感じたことを形や色に生かすことができる。 | ・作品づくりに必要な資料を選択し，活用する力 | ・テーマ設定の参考になる資料を準備する。<br>・生活の中での色の影響についても触れる。 |
| 3（本時） | ・各自のテーマに合った色の組み合わせを考え，表す。<br>・互いのアイディアを聞き，気付いたことを発表する。 | ・自分のイメージを作品としてまとめ，効果的なフレーズを考えることができる。<br>・配色による効果について気付き，自分の作品に生かすことができる。 | ・自分のテーマの特徴を分かりやすく伝えることができる力<br>・お互いのアイディアや作品の良いところを認め合うことができる力 | ・漠然とした主題をアイディアスケッチをすることによって明確にさせる。<br>・各自のアイディアスケッチを鑑賞させることによって，他者の個性や考え方を尊重させるようにする。 |
| 4 | ・形を切り，色を合わせ，試行錯誤しながら制作をする。<br>・制作の中でより主題にあったものにするため構想に改善を加える。 | ・配色や形を工夫することができる。<br>・表現したい主題や色彩を生み出すことができる。 | ・他者の個性や考えを生かして表現する力 | ・制作に必要な道具を準備する。<br>・選ぶ色の組み合わせや大きさを工夫し，効果的な表現ができるように助言する。 |
| 5 | ・お互いの完成作品を紹介し合い，鑑賞して，自他の作品について批 | ・色の世界の面白さや表現性に気付く。<br>・自他の作品の良さに気付き， | ・互いの作品を見合い，良いところを認め合う力 | ・作品を鑑賞する中で，色によってさらに新たな発見があるか確認する。 |

| | 評し合う。 | これからの生活や制作などに生かそうとしている。 | | |

## 5　本時の学習計画

（1）本時のねらい

　〇配色による効果について気付き，自分の作品に生かそうとしている。

　〇表現する主題を生み出し，配色や形を工夫して制作をすることができる。

（2）本時の展開

| 過程 | 学習活動と内容・発問 | 指導上の配慮事項と評価 | キャリア教育の視点から見た重要なこと |
|---|---|---|---|
| 導入 | 1　今までの学習を振り返り，各自のテーマを確認し，発表し合う。<br>❶色の科学的な性質に関わるテーマ<br>❷心理学的な見え方に関わるテーマ<br>❸色占いやファッションに関わるテーマ<br>❹環境に関わるテーマ | ・テーマが決められずにいる生徒が参考にできるように，何人かの生徒のテーマを紹介する。 | 〇お互いにテーマを発表し合うことで，相手を理解し，自らの参考にする。<br><br>自分のテーマの特徴を分かりやすく伝えることができる力 |
| 展開 | 2　「空が青いと海も青い」「手のひらの虹」を鑑賞する。<br>❶どうして虹のように見えるのだろう。<br>❷残像を利用している。<br>❸1枚の紙でできている。<br>❹配色が美しい。<br>3　テーマにあった表現方法を考える。<br><br>　　　色の組み合わせと形を考えて表そう<br><br>❶テーマを何にしたらいいか悩む。<br>❷言葉をどうまとめたらいいのだろう。<br>❸どの色が合うだろうか。<br>❹形をどうすればいいのだろう。<br>4　アイディアや作品を見合いながら，参考にしたいところなどについて発表する。<br>❶色の合わせ方がきれい。<br>❷色や形を変えるとイメージも変わる。<br>❸色について発見した。 | ・実物の本を手に取って鑑賞することで，デザインのよさなどを味わうことができるようにする。<br><br><br><br>・トータルカラーを配色し，色合わせができるようにする。<br><br>〇テーマに合わせて，色や形を考えて工夫することができる。<br><br>・次時の作品制作に生かすことができるように，工夫したところや良いと思うところを発表し合う場面を設定する。<br><br>〇配色による効果について気付き，自分の作品に生かすことができる。 | 〇資料をもとに，自分のテーマに合わせて配色や形を工夫している。<br><br>配色による効果に気付き，自分の作品に生かす力<br><br><br><br>〇互いの個性や考えなどを参考にして，自分なりの色の組み合わせを考え表す。<br><br>お互いのアイディアや作品の良いところを認め合うことができる力 |
| まとめ | 5　活動を振り返る。 | ・振り返りを記入するため，学習カードを配付しておく。 | |

**キャリアの視点に基づく授業実践例：小学校4年体育科**

1 単元名

　走・跳の運動（幅跳び・高跳び）～とびっこランドでジャンプ～

2 単元の目標

・運動を楽しむための活動や競争に進んで取り組んだり，順番や運動の仕方のきまりを守ったりして，友達と協力して安全に運動をすることができるようにする。

・運動が楽しくできるように，自分の力に合った運動の仕方を楽しむための活動や場を工夫することができるようにする。

・リズムに乗った助走から調子よく踏み切って，遠くへ跳んだり，高く跳んだりすることができるようにする。

3 単元とキャリア教育（社会的・職業的自立に必要な能力）との関わり

　本単元は，運動に夢中になる体験を通して競争することの楽しさや用具（教材）を使って楽しむための場作りや教材提示の仕方を工夫し，児童が運動に共感できることを大きなねらいとしている。

　体育の学習では，運動する感覚の楽しさを大切にしたいと考える。そのためには，友達との学び合いの中から楽しさを体得し，運動を楽しむためのポイントや工夫を考え，自己の課題を理解し，主体的に運動を選択する能力・態度を育てたいと考える。友達と協力し合って活動することで，友達のよい動きを見つけ，自分に取り入れようとする姿勢や自分の課題解決（めあて）に向けて工夫しながら，進んで運動に取り組む態度や課題の解決につながるよりよい動きを考える力へとつながっていく。これらは，キャリア教育の諸能力にも関連が高く，本単元の中で十分に育成されると考える。

4 全体計画（全8時間）

| 時 | 主な学習内容 | 評価の観点 | キャリア教育の視点から身に付けさせたい能力 | 指導上の留意点 |
|---|---|---|---|---|
| 1 | 学習Ⅰ<br>○オリエンテーション<br>・学習の進め方や運動の楽しみ方を知り，安全についての約束を確認する。 | ・進んで友達と協力しながら，運動に取り組もうとしている。 | ・自ら進んで友達と協力しながら，運動に取り組む力 | ・ウォーミングアップでリストアップした児童の動きを紹介し，動きのポイントとなることをおさえる。 |
| 2 | | ・いろいろな跳び方の楽しさや喜びを味わおうとする。 | ・よい踏み切りの方法を考え，遠くへ跳んだり，高く跳んだりすることができる力 | ・体が浮く感覚を楽しみながら距離を意識した跳び方をさせるため，踏み切り板や段ボールを用いる。 |
| 3 | ○動き作り<br>ねらい<br>いろいろな場で，いろいろな跳び方を楽しむ。 | ・友達のよい動きを見つけている。<br>・リズムに乗った走りから調子よく跳ぶことができる。 | ・友達のよい動きを取り入れる力 | ・高さを意識した跳び方を行うため，バーの代わりにゴムひもを使用したり，高い位置にある紐を叩く活動を取り入れたりする。 |
| 4<br>(本時) | ・用具を使った動き<br>・幅跳び遊び<br>・高跳び遊び | ・片足で踏み切って，遠くへ跳んだり，高く跳んだりすることができる。 | ・リズムに乗った助走を考え，調子よく前や上に跳ぶことができる力 | ・自分の力に合った場で運動しているか観察し，助言する。 |
| 5 | 学習Ⅱ<br>○競争の仕方や約束・ルールを創って活動する。<br>ねらい<br>学習の場を工夫して幅跳びや高跳び競争を楽しむ。 | ・話し合い活動を通して，競争の仕方やルールを工夫している。<br>・自分の力に合った場を選んでいる。 | ・場の安全について考え，友達と協力して運動に取り組む力<br>・自分の課題に合った場を選ぶ力 | ・互いの運動を見合うときのポイントを明示する。<br>・グループの課題を確認し，練習方法を検討できるようにする。 |
| 6 | ・幅跳び<br>・高跳び | ・助走の推進力を生かしながら片足で踏み切り，遠くへ跳ぶことができる。 | ・助走の推進力を考え，片足で踏み切り，遠くへ跳んで両足で着地することができる力 | ・楽しく運動に取り組ませるよう，意欲がもてるような声掛けをする。<br>・個々に，意欲がもてるような言葉掛けをする。 |
| 7 | | ・リズミカルな助走から強く踏み切り，安全に着地することができる。 | ・リズムに乗った助走から調子よく踏み切って，遠くへ跳んだり，高く跳んだりして，両足着地での安全な着地を考え跳ぶ力 | ・学習の成果を発表した児童の動きで，どこがよかったかを考えさせ，動きのポイントをまとめる。 |

| 過程 | 学習活動と内容 | | | |
|---|---|---|---|---|
| 8 | ○グループ対抗記録会<br>・記録を得点化し，合計点で勝敗を競う。<br>・これまでの学習のまとめをする。 | ・自分やグループの得点を伸ばそうと，進んで記録会に取り組もうとしている。 | ・自分やグループの得点を伸ばそうと，意見交換し合う力 | ・個人のめあての達成状況等を確認する。<br>・役割分担を決め，素早く安全に行動させる。 |

## 5 本時の学習計画

(1) 本時のねらい

　○片足で踏み切って，遠くへ跳んだり，高く跳んだりすることができるようにする。

(2) 本時の展開

| 過程 | 学習活動と内容 | 指導上の配慮事項と評価 T1 | 指導上の配慮事項と評価 T2 | キャリア教育の視点から見た重要なこと |
|---|---|---|---|---|
| 導入 | 1　整列・挨拶<br>・ウォーミングアップ「とびっこランドのジャングル探検ツアー」<br>2　本時の活動やめあての確認<br>[片足で踏み切って，遠くへ跳んだり，高く跳んだりしよう。] | ・安全面に配慮し，準備的な体操を取り入れたり，用具の安全を確認したりする。<br>・運動の強度を徐々に高めていくように言葉掛けをしていく。<br>・全体と個人のめあてを確認させる。幅跳びや高跳びの動きのポイントとなることを掲示しながら整理する。 | ・運動が正しく行われているか観察し，助言する。<br>・動きのいい児童をリストアップする。<br>・ウォーミングアップでリストアップした児童の動きを紹介し，動きのポイントとなることをおさえる。 | ○お互いに協力しながら，進んで運動に取り組もうとしている。<br>[自ら進んで運動に取り組む力] |
| 展開 | 3　とびっこタイム<br>・大きく2つのグループに分かれて2つの運動をする。<br><br>|　　|前半|後半|<br>|うさぎ|幅跳び|高跳び|<br>|かえる|高跳び|幅跳び| | ・幅跳びを担当し，技能面でつまずきが見られる児童を中心に助言する。<br>・友達と楽しく運動に取り組ませるよう，意欲がもてるような声掛けをする。<br>・子どもたちと一緒に運動しながら動きのポイントを示範する。<br>・自分の力に合った場で運動しているか観察し助言する。<br>○片足で踏み切って遠くへ跳ぶことができる。 | ・高跳びを担当し，技能面でつまずきが見られる児童を中心に助言する。<br>・示範で技能のポイントをわかりやすくする。<br>・個々に，意欲がもてるような言葉掛けをする。<br>・本時のまとめで学習の成果を発表する児童をリストアップする。 | ○リズミカルな助走，踏み切りのタイミング，空中での足の操作，安全な着地という基礎技能を身に付けることができる。<br>[リズムに乗った助走を考えて，片足踏み切りで遠くへ跳んだり，高く跳んだりする力] |
| まとめ | 4　本時のまとめ<br>・学習の成果を発表する。<br>・整理運動<br>・自分の学習の様子を振り返り，学習ノートにまとめる。<br>5　挨拶・後片付け<br>・みんなで協力して後片付けをする。 | ・特に使った部位をほぐさせる。<br>・個人のめあての達成状況等を確認することで学習のまとめとする。<br>・分担を決め，素早く安全に行動させる。 | ・学習の成果を発表した児童の動きで，どこがよかったかを考えさせ，動きのポイントをまとめる。 | ○遠く，高く跳ぶことの楽しさを感じとることができる。<br>[自分の力に合っためあてをもって，進んで運動に取り組む力] |

> キャリアの視点に基づく授業実践例：中学校3年保健体育科

## 1 単元名
　　球　技　～バレーボール～

## 2 単元の目標
- 課題解決のために進んで練習したり，仲間と協力してルールを守りながら練習やゲームに取り組んでいる。
- 相手との攻防にあった作戦を選ぶことができる。
- パス，レシーブ，サービスなどの個人的技能を高め，ゲームをすることができる。
- 運動のポイントを，学習した言葉を使って，説明できる。

## 3 単元とキャリア教育（社会的・職業的自立に必要な能力）との関わり
　バレーボールの授業の中心活動は，チームで協力し，個人的技能，集団的技能を向上させていくことである。自分たちで課題を見付け，解決するために，自己選択・自己決定する場面や改善点を話し合う場面を設定することで，技能の向上だけでなく，学び合いを通して集団活動の高まりにつながる。また，これらの力を効果的に身に付けさせるためには，生徒による役割分担や振り返りなどの自主的な活動が不可欠である。そのために指導者は種目の特性を味わわせながら，生徒が主体的に活動できる場づくりに努めなければならない。

## 4 全体計画（全15時間）

| 時 | 主な学習内容 | 評価の観点 | キャリア教育の視点から身に付けさせたい能力 | 指導上の留意点 |
|---|---|---|---|---|
| 1 | オリエンテーション<br>（1）学習の進め方を知る<br>（2）準備運動 | ・個人の課題解決のために進んで繰り返し練習しようとする。 | ・互いのよさを感じ，進んで協力して活動する力 | ・班を編成し，協力して活動する。<br>・よい例を紹介する。 |
| 2～7（本時） | 基礎練習<br>・パスやレシーブなどの個人的技能 | ・個人の課題解決のために進んで繰り返し練習しようとする。<br>・パス，レシーブ，サービスなどの個人的技能を高めることができる。 | ・課題解決のために地道に努力する力<br>・互いのよさを認め，自分の練習に取り入れる力 | ・基本練習の中で，声かけや賞賛をして，互いのよさに気付くことができるようにする。<br>・自己評価，相互評価ができるようにする。 |
| 8～14 | ゲーム | ・パス，レシーブ，サービスなどの個人的技能を高め，ゲームをすることができる。<br>・チームで立てた作戦をゲームの中で実行できている。<br>・相手との攻防にあった作戦を選んでいる。 | ・ゲームを通して班の課題を見付ける力<br>・自己の果たすべき役割を務めようとする力<br>・チームの課題を確認し，解決のために意見を述べ合う力 | ・同じチームの仲間と協力して活動できるよう助言する。<br>・アタッカーやセッターなど自分の役割を理解できるよう支援する。<br>・ゲームの中で課題を明らかにし，改善していく。 |
| 15 | 学習のまとめ | ・運動のポイントを学習した言葉を使って説明できる。 | ・他者の意見を取り入れて改善を図る力 | ・授業の振り返りを行い，他種目への運動改善へつなげる。 |

## 5　本時の学習計画

(1) 本時のねらい
　〇チームの一人ひとりの動き方を工夫して，オーバーハンドパスでラリーを続けることができる。

(2) 本時の展開

| 過程 | 学習活動と内容・発問 | 指導上の配慮事項と評価 | キャリア教育の視点から見た重要なこと |
|---|---|---|---|
| 導入 | 1　グループで準備体操をする。<br>2　本時の学習の流れを確認する。 | ・準備運動を正しく実施できるよう声かけをする。<br>・場の安全を確かめる。<br>・ホワイトボードでルールや実施方法を説明する。 | |
| 展開 | 3　4人で対角パスラリーを行う。 | ・全体を見渡しながら，うまくできない班を支援する。<br>・声かけや賞賛をして，練習の中で互いのよさに気付くことができるようにする。 | 〇個人の課題解決のために，繰り返し基本練習に取り組む。<br><br>個人の課題を解決するために地道に努力を続ける力 |
| | 4　班でラリーの反省点と改善策を話し合う。<br>5　改善策を受け，再び4人対角パスラリーを行う。 | ・話し合いが活発に行われるよう支援する。<br>・改善策を試せるよう支援する。 | 〇互いの意見を参考に，各自の課題を確認し，練習方法を改善する。<br><br>互いのよさを認め，自分の練習に取り入れる力 |
| | 6　うまくできている班のお手本を全体で共有する。 | ・互いによいところを指摘させ，賞賛する。<br><br>〇オーバーハンドパスの技能を高め，一人ひとりの動き方を工夫して，ラリーを続けることができる。 | 〇互いに評価し合い，各自のよさに気付く。<br><br>互いに意見を述べ合う力 |
| まとめ | 7　本時の反省を記入し，次時の課題を確認する。 | ・本日の活動についてアドバイスを行い，次時への意欲付けをする。 | |

**キャリアの視点に基づく授業実践例：中学校1年技術・家庭科（技術分野）**

## 1 題材名
生活に役立つものをつくろう

## 2 題材の目標
- 工具のしくみや加工の目的を考えながら作業しようとする。
- 部品を加工する際に，安全に配慮しながら先を見通して作業ができる。
- 工具や機械を適切に使い，製作品の部品加工，組み立て及び仕上げができる。
- 製作品に適した加工方法を知り，接合方法の種類や特徴を理解できる。

## 3 題材とキャリア教育（社会的・職業的自立に必要な能力）との関わり

この題材では，ものづくり体験の中で生活に役立つものを作ることで，仕事の楽しさや完成の喜びなどを味わうとともに，職業への理解を高めることができると考える。また，小グループを活用した製作・実習などの活動を通して，協調性や責任感を強めたり，作業の目的のために自ら課題を見い出し，主体的にその課題に取り組もうとする姿勢が高まったりすることも期待できる。

技術が生活の向上や産業の継承と発展に大きな役割を果たしているのを理解させると同時に，学習内容と将来の職業の選択や生き方との関わりに触れることで勤労観や職業観，倫理観，協調性，忍耐強さなどを育むことにつながるものと考える。

## 4 全体計画（全4時間）

| 時 | 主な学習内容 | 評価の観点 | キャリア教育の視点から身に付けさせたい能力 | 指導上の留意点 |
|---|---|---|---|---|
| 1 | ・けがき作業 | ・設計図を見て，正確に「けがき」をしようとしている。 | | ・意欲を高め，見通しをもたせるために完成した作品を準備する。 |
| 2（本時） | ・接合部の加工作業 | ・安全に配慮しながら寸法が正確になるように加工，組み立てに注意している。<br>・部品を加工する際に，先を見通しながら安全な作業ができる。 | ・小グループで正しい作業ができるように互いに聞き合い，教えあう力<br>・きれいな相欠きつぎにするために修正作業に取り組もうとする力 | ・正確なけがきや作業ができるように製作マニュアルを準備する。<br>・学習活動の見通しをもって作業ができるように製作全体の流れとその時間の流れを明示する。 |
| 3 | ・部品の加工作業<br>・組み立て作業 | ・材料に応じて工具，機械を安全に使用し，部品加工ができる。 | ・使いやすさやデザイン，丈夫さ等のアイディアや工夫によって課題に取り組もうとする力 | ・安全に作業できるように工具の使い方を分かりやすく説明する。 |
| 4 | ・作品コンテスト | ・他の作品と比較して，仕上がりのよさを説明できる。 | ・ものづくり体験を通して，ものづくりを職業としている人々の思いがわかる力 | ・自己評価カードを準備し，学習の振り返りができるようにする。 |

## 5　本時の学習計画

（1）本時のねらい
　○接合部が互いに正確に収まるように留意して加工できる。

（2）本時の展開

| 過程 | 学習活動と内容・発問 | 指導上の配慮事項と評価 | キャリア教育の視点から見た重要なこと |
|---|---|---|---|
| 導入 | 1　本時の学習課題を確認する。<br><br>　○作業を成功させるための大切なポイントを考える。 | ・学習の流れや作業を確認し，ねらいを達成していこうとする意欲がもてるようにする。<br>・大切なポイントが出てこなかったら，ヒントを与えて考えさせる。 | |
| 展開 | 2　接合部の加工作業を行う。 | ・他の生徒に助言することができるように，作業を観察するよう指導する。<br><br>○安全に配慮しながら，加工・組み立てを行っている。 | ○互いに協力して，製作を進めている。<br><br>小グループ内で，正しい作業ができるように互いに聞き合い，教え合う力 |
| 展開 | 3　できあがりから，修正点や修正作業についてお互いに助言する。 | ・他の生徒に助言することができるように，作業を観察するよう指導する。 | ○よりきれいに仕上げるために作業を点検し，修正個所をあげる。 |
| 展開 | 4　助言を受けて修正作業をし，接合部の加工（相欠きつぎ）を完成させる。 | ・でき上がりを確認しながら，仕上がりをよくするために必要な作業について話し合うことで，互いにかかわることができる場を設定する。<br><br>○部品を加工する際に，先を見通しながら安全な作業ができる。 | ○助言を参考に，粘り強く，部品加工に取り組む。<br><br>きれいな相欠きつぎにするために修正作業に取り組もうとする力 |
| まとめ | 5　学習の振り返りと後片付け。 | ・自己評価カードを活用する。 | |

キャリアの視点に基づく授業実践例：中学校1年技術・家庭科（家庭分野）

## 1 題材名
わたしたちの消費生活と環境

## 2 題材の目標
- 販売方法の特徴や消費者保護について知り，生活に必要な物資，サービスの適切な選択，購入及び活用ができる。
- 自分の生活が環境に与える影響について考え，環境に配慮した消費生活を工夫することができる。

## 3 題材とキャリア教育（社会的・職業的自立に必要な能力）との関わり
　本題材は消費者としての自覚をもち，正しい消費行動について理解するという単元である。さらに現代は，販売方法の多様化によるトラブルも増加しており，情報を収集する能力や問題を解決する能力を培い，環境に配慮して購入するという実践的態度の育成もできる題材である。
　また，学習過程の「学び合い」の部分にグループ学習を設定することにより，自分の身近な問題として生徒が考え，課題解決を目指して考えを深めていくことができる内容である。家庭科は生きる力を養う教科であるため，実践的・体験的な活動を充実させ，学習形態を工夫することで，キャリア教育に関する様々な能力を育成することができる可能性をもった単元である。

## 4 全体計画（全6時間）

| 時 | 主な学習内容 | 評価の観点 | キャリア教育の視点から身に付けさせたい能力 | 指導上の留意点 |
|---|---|---|---|---|
| 1 | ・商品の値段が，どのようにして決まるのか考える。 | ・消費生活のしくみを理解し，類似した商品でも価格に違いがあることに気付く。 | ・自分に必要な情報を集める力 | ・特定の商品を調べることで気付くことができるようにする。 |
| 2・3 | ・自分の消費行動に関心をもち，商品を選ぶ時の条件について考える。<br>・商品の販売方法や支払い方法について調べる。 | ・具体的な物資・サービスの事例について情報を収集・整理し，適切な選択，購入，及び活用ができる。 | ・必要な情報を集め整理する力<br>・自分の意見を伝え，他者の意見を理解する力 | ・自分の消費生活を振り返り成功例や失敗例をまとめることで理解を進める。<br>・表示やマークの実物例を準備する。<br>・グループ学習にして，意見を出しやすくする。 |
| 4 | ・商品を購入する時のトラブルについて知り，その解決方法について考える。 | ・自分の消費生活を振り返り，消費生活をより良くしていこうとしている。 | ・事例を基に解決方法について考える力<br>・自ら課題を解決していこうとする力 | ・事例を紹介することで具体的に考えることができるようにする。<br>・ビデオを使用し，解決方法の糸口を確認できるようにする。 |
| 5（本時） | ・快適で便利な生活がもたらす環境問題について考える。 | ・環境との関わりから，消費生活の課題を見付け，その解決を目指して工夫している。 | ・自分の意見を伝え，他者の意見を適切に理解する力<br>・自分の生活を振り返り，生活との関わりから課題に気付き，解決方法を考える力 | ・話し合いがスムーズにできるよう役割分担をし，ヒントブースを準備する。<br>・現在，秋田市で取り組んでいる内容を知らせ，実践化を促す。 |
| 6 | ・環境に配慮し，商品を選択・購入・活用するための方法について考える。 | ・物資の選択・購入・活用について点検し環境に配慮した消費生活を工夫している。<br>・環境に配慮した暮らし方を実践できる。 | ・学習した内容を今後の生活に生かす力 | ・チェックシートを活用して振り返りができるようにする。 |

## 5 本時の学習計画

(1) 本時のねらい
　○自分の生活と環境との関わりに関心をもち，積極的に話し合いに参加している。
　○環境との関わりから消費生活の課題を見つけ，その解決を目指して工夫している。

(2) 本時の展開

| 過程 | 学習活動と内容・発問 | 指導上の配慮事項と評価 | キャリア教育の視点から見た重要なこと |
|---|---|---|---|
| 導入 | 1 本時の学習課題と，自分のめあてを確認する。 | ・特定の商品を調べることで気付くことができるようにする。 | |
| | 2 自分の生活行動が，環境にどのような影響を与えているか考える。 | ・身近な事例をもとに自分の行動を振り返ることで，より具体的に考えることができるようにする。 | ○自分の生活行動を振り返り，必要な情報を集める。 |
| 展開 | 3 実際の生活場面に即して生活に必要なものの選択の仕方を見直し，それぞれの利点と問題点について考え，話し合う。<br>　○手作り弁当とファーストフード<br>　○水筒・カン・ペットボトル・びん | ・話し合いがスムーズにできるよう，ヒントブースを準備する。<br>・イメージしやすいように，容器の実物を準備する。<br>□○自分の生活を振り返り，具体的に考え，意見を述べることができる。□ | ○グループ内で，話し合いが円滑に進むように互いに聞き合い，教え合う。<br>□自分の意見を伝え，他者の意見を適切に理解する力□ |
| | 4 班の意見を発表する。 | ・メモをとるときに，記入するペンの色を変えることで考えの深まりがみられるようにする。 | ○分かりやすく伝えるために，効果的な表現方法や役割分担を考える。 |
| | 5 環境に配慮した生活でこれから自分にできることは何か考える。 | ・秋田市で取り組んでいる環境貯金やマイバッグ運動などについて知らせることで，実践化を促す。<br>□○環境との関わりから，消費生活の課題を見付け，その解決を目指して工夫している。□ | ○自分の消費生活を振り返り，消費生活をより良くする方法を考え，実践していこうとしている。<br>□自分の生活を振り返り，生活との関わりから課題に気付き，解決方法を考える力□ |
| まとめ | 6 本時の学習を振り返り，学習のまとめをする。 | ・学習の流れを振り返って自己評価ができるように，学習シートに記入欄を設ける。 | |

キャリアの視点に基づく授業実践例：小学校2年生活科

1 　単元名
　どきどきわくわく町たんけん～やさいをそだてよう～

（東京書籍『あたらしいせいかつ1・2下』）

2 　単元の目標
・野菜作りに関心をもち，野菜の育て方を調べたり，成長を観察したりしながら，大切に育てようとする。
・野菜の栽培を通して，野菜作りの知恵や植物にも生命があることに気付くとともに，調べたことや野菜の成長について感じたことを絵や文などで表現することができる。

3 　単元とキャリア教育（社会的・職業的自立に必要な能力）との関わり
　本単元は，「わくわくどきどき町たんけん」という大単元の中にある小単元の1つである。教科書では，町探検で出会った農家の人に野菜の世話の仕方を聞いたり，収穫の報告に行ったりするなど継続的に関わるようにして，単元間での活動の連続性をもたせるようにしている。この野菜の栽培活動は，その成長が具体的で分かりやすいことに特徴がある。児童は，野菜に目をかけ手をかけ，繰り返し繰り返し関わる。その過程で，野菜への愛着が生まれる。このような体験を通して，野菜への関わり方，野菜への愛情と生命の大切さを学ぶことができる。
　グループで協力して野菜を栽培する活動を通して，自然に親しみ生命の尊さについて考えるとともに，種苗の買い付け，畑づくり，栽培などの各過程で互いの意見交換や意志決定・選択，共同作業の中での役割分担など友達との関わりや体験から学ぶことも多い。
　児童が主体的に学習に参加することにより，友達と話し合いながら課題を決め，それらがぶつかる問題を解決しながら学習を進めていく，これらの活動が，より活発に行われるものと考える。そして，関連するキャリアの諸能力も，生活科の授業の中で育成することが十分に可能な単元であると考える。

4 　全体計画（全9時間）

| 時 | 主な学習内容 | 評価の観点 | キャリア教育の視点から身に付けさせたい能力 | 指導上の留意点 |
|---|---|---|---|---|
| 1 | ・自分の知っている野菜や好きな野菜を発表し合ったり，話し合ったりする。 | ・いろいろな野菜に興味を示し，クイズなどに楽しく参加している。 | ・自分の考えや友達の考えを互いに理解し合う力 | ・クイズ感覚で楽しく行ったり，図鑑や絵カードを用意して名前とものが一致するように配慮する。 |
| 2 (本時) | ・自分で育ててみたい野菜とクラスで育ててみたい野菜を決める。 | ・自分が育ててみたい野菜やクラスで育ててみたい野菜を決め，その理由を説明している。 | ・自分の考えや友達の考えを互いに理解し合う力<br>・自分の意志をしっかりもって選択，決定する力 | ・その地域や学校環境で子どもたちが育てることのできる野菜をリストアップしておき，その中から選択させるようにする。 |
| 3・4 | ・野菜の育て方を調べたり，教えてもらったりする。 | ・野菜の育て方を本で調べたり，家の人や野菜作り名人に積極的に聞いたりしている。 | ・必要な情報を集め，選択し，活用しようとする力 | ・家の人に聞いてみたり，図書室の本で調べてみたり，野菜作り名人に教えてもらったりするよう働きかける。 |
| 5・6 | ・店に野菜の苗や種を買いに行く。 | ・自分で育てたい野菜の苗や種を見つけ買っている。 | ・あいさつしたり，自分の気持ちを相手に伝えたりする力 | ・店や交通機関の利用の仕方について確認をする。 |

| | | | | |
|---|---|---|---|---|
| 7・8 | ・土作りや種まき，苗植えを行う。 | ・みんなで協力しながら活動している。 | ・自分の仕事や仕事の意味を知る力 | ・みんなで行えるように，環境を整える。 |
| 9 | ・野菜の成長の様子をカードに記録したり，野菜の育て方を新聞にまとめたりする。 | ・野菜の成長を気にかけたり，関心をもって世話をしたりし，丁寧に絵や文で観察記録を書いている。 | ・記録したいことを決め，みんなに分かるように記録しようとする力 | ・野菜の成長の様子と野菜への関わり方の両面から記録するように働きかける。<br>・継続した記録ができるように掲示の工夫をする。 |

## 5 本時の学習計画

(1) 本時のねらい

○野菜作りについてみんなで話し合うことを通して，自分が育ててみたい野菜やクラスで育ててみたい野菜を決めることができる。

(2) 本時の展開

| 過程 | 学習活動と内容・発問 | 指導上の配慮事項と評価 | キャリア教育の視点から見た重要なこと |
|---|---|---|---|
| 導入 | 1 前時の活動を思い出しながら，知っている野菜をたくさん発表する。<br>2 学習のめあてを確認する。 | ・図鑑や絵カードを用意して，名前と野菜が一致するように配慮する。 | |
| 展開 | 2 自分の好きな野菜について，発表し合う。<br>○自分の好きな野菜について，理由をつけて発表する。<br>3 自分で育ててみたい野菜やクラスで育ててみたい野菜をあげる。<br>○どんな野菜を育てるか話し合い，決定する。 | ・決める視点として，学校環境や地域環境を提示する。<br><br><br><br>・どうしてこの野菜を自分で育ててみたいのか，どうしてこの野菜はクラスで育ててみたいのか，理由をつけて発表するよう働きかける。 | ○自分の考えに理由を付けて分かりやすく伝えていく。<br>　自分の考えや友達の考えを互いに理解し合う力<br><br>○多くの意見の中から，自分の考えに近い意見を選ぶ。<br>　自分の意志をしっかりもって選択，決定する力 |
| まとめ | 4 次時の学習内容を確認する。<br>○自分の選んだ野菜の育て方について調べる。 | ・どんなふうに調べるかを考えたり，家の人に聞いたり，本を探してきたりしてもよいことを伝える。 | |

> [!NOTE] コラム
> ## キャリア教育がもたらす効果とは

　「キャリア教育」という用語は，そもそもどこから出てきたものなのでしょうか。日本進路指導協会発行の「進路指導」（平成17年8月号）によると，「キャリア教育」という用語は，1971年の全米中学校長協会大会で，マーランド連邦教育長官（当時）が，学校教育と職業社会との乖離を懸念して，講演の中で教育と仕事との関係をより適切にするための教育改革の一環として，「Career Education」を提唱したことをルーツとして紹介しています。つまり，「キャリア教育」はアメリカの研究から端を発し，40年ほど前に登場した用語であることが分かります。用語のルーツは分かりましたが，この用語を簡潔に定義したものは何でしょうか。

　平成18年3月に秋田県教育委員会が作成した「キャリア教育推進に向けて」というリーフレットによると，「キャリア教育」という用語を次のように解説しています。

> 学校教育で，自分自身の生き方や在り方を，学ぶことや働くことと関連付けて考え，追究し続ける力を育てること。

　「キャリア教育」とは，学校のすべての教育活動を通して行うべきであり，教科指導・道徳・特別活動・総合的な学習・学校行事など，様々な学習の場で取り組んできたことを，「キャリア教育」の定義に照らし合わせて，整理し，「何がキャリア教育に当てはまるのか」ということを全職員が共通理解をしていく必要があります。そして，「キャリア教育」によって，学校や児童・生徒に以下のような効果が期待されると考えられます。

**学校（教師）にとって**
- 教科の内容を見直すことで，各教科で身に付けさせたい力を明確にする。
- 教育活動の見直しを図ることができる。
- 指導する上での視点が変わる。

**児童・生徒にとって**
- 学習意欲や能力の向上が見られる。
- 自他のよさに気付き，主体的に行動する。
- 学校で学ぶことと社会で働くことを，自分の将来と結び付けて考える。

## 「キャリア教育」で各教科がつながる！

　キャリア教育は，すべての教育活動を通して展開するものです。例えば総合的な学習と道徳や特別活動，または，総合的な学習と各教科，さらに道徳や特別活動と各教科など様々な教育活動が「キャリア教育」という視点でつながっていきます。

　また，各教科を「キャリア教育」で結ぶ取り組みは，複数の教師が互いの授業内容を知ることで新たな刺激となり，さらに指導に深みが出ることが考えられます。

【例】社会科・理科・技術・家庭科をつなげる

**社会科**
- くらしと経済
  - 消費者主権
- 地球社会と私たち
  - 公害・地球環境問題

**技・家**
- 消費生活と環境
  - 消費生活の仕組み
  - 消費者問題
  - 環境問題

**理科**
- 自然と人間
  - 食物連鎖
  - 身近な自然環境
  - 環境保全

# 第2章
# 道徳・学級活動
# 総合的な学習編

　第2章では，小学校は，学年の枠を外した低学年・中学年・高学年。中学校は，各学年から道徳と学級活動各ひとつずつを紹介しています。また，小学校と中学校の総合的な学習の例もひとつずつ載せています。

　道徳，学級活動の作成にあたって小学校，中学校とも，各学年の「キャリア発達の課題」のいずれかに合わせた資料や価値項目，題材，単元を選び，「基礎的・汎用的能力」と関連付けた全体計画とその中の指導計画，資料などを紹介しています。道徳では，「個性の伸長」「充実した生き方」「理想の実現」「役割と責任」「集団生活の向上」「勤労・奉仕」「公共の福祉」などの価値項目との関わりを，学級活動では，（2）「自己及び他者の個性の理解と尊重」「社会の一員としての自覚と責任」「望ましい人間関係の確立」，（3）「学業と進路」などとの関わりを重視しています。

## おもな内容

道　徳：① 主題・資料名（資料は，資料名と出典を紹介する。）
　　　　② 目標
　　　　③ ねらいとする価値とキャリア教育（社会的・職業的自立に必要な能力）との関わり
　　　　　・キャリア教育の視点から，資料の価値項目と基礎的・汎用的能力の関わりについて簡単に説明する。
　　　　④ 全体計画（「社会的・職業的自立に必要な能力とのかかわり」を記述）
　　　　　・事前，事後の時間を含めて，学習活動の中から，キャリア教育の視点から重要と思われる能力を挙げる。（基礎的・汎用的能力に合わせて，具体的に挙げる）
　　　　　・本時の部分を太枠で表示する。
　　　　⑤ １時間の指導案
　　　　　・基礎的・汎用的能力と関連付けた「キャリアの視点から見た重要なこと」を載せる。
　　　　⑥ 資料分析
　　　　⑦ 資料（自作の場合）もしくは，学習シート（本時）

学級活動：① 題材名　② 題材の目標　③〜⑤は，道徳と同じ。⑥ 学習シート（２時間分）

総合的な学習：① 単元名　　② 単元のねらい
　　　　　　　③ キャリア教育の視点から見た本単元
　　　　　　　④ 全体計画（本時の活動にあたる部分を太枠で囲む）
　　　　　　　⑤ 本時の指導案

**キャリアの視点に基づく授業実践例：小学校1年道徳の時間**

1 **主題名** はたらくことのたのしさ（内容項目4－(2)）

　［資料名］「ケイくんのたくはいびん」（出典：『みんなのどうとく1年』学研）

2 **目　標**

　他の人の役に立つ喜びや働くことのよさを感じ，がんばって働こうとする意欲や態度を育てる。

3 **ねらいとする価値とキャリア教育（社会的・職業的自立に必要な能力）との関わり**

　働くことで他の人の役に立つ喜びや，やりがい，自分の成長を感じることができる。これにより，児童は，働くことの意義や役割を理解し，望ましい勤労観や職業観がはぐくまれていく。特に，低学年児童にとっては，働くことの喜びや，やりがいを知ることで，勤労へのあこがれが育ち，勤労意欲の高まりが得られる。以上の点から，本主題はキャリア教育との関わりが深く，望ましい勤労感や職業観の育成に寄与するものであると考える。

4 **全体計画（事前・事後指導を含め，全3時間）**

| 時 | 主な学習内容 | 評価の観点 | キャリア教育の視点から身に付けさせたい能力 | 指導上の留意点 |
|---|---|---|---|---|
| 1 | ・学校生活での係活動や当番活動を振り返る。<br>・「お仕事がんばっているよカード」を作成する。 | ・これまでの仕事のがんばりについて互いに認め合い，カードを作成することができる。 | ・これまでの係活動や当番活動，お手伝いについて振り返り，自他の活動を認めあう力 | ・これまでの仕事のがんばりを実感できるよう，カードには分かりやすいイラスト等を用いる。 |
| 2<br>(本時) | ・資料について確認し，ケイくんの気持ちを中心に話し合う。<br>・仕事をしてよかったと感じた経験について発表する。 | ・資料を通して，働くことの大切さやよさについて考えようとしている。 | ・苦しい場面で負けない強い力<br>・働くことの意義や人の役に立つことの素晴らしさに気付く力 | ・仕事をする時の大変さについて十分に引き出すことで，仕事をやり終えた時の達成感や仕事の大切さについて感じさせる。 |
| 3 | ・知っている職業について発表する。<br>・ゲストティーチャーを招いて，仕事の大変さと素晴らしさについての話を聞く。 | ・係や当番，お手伝いと同様に，職業にも苦労ややりがいがあることを知り，将来の仕事について興味をもつ。 | ・将来に対する漠然とした夢やあこがれをもつ力 | ・ゲストティーチャーとの打ち合わせを行い，1年生にとって仕事の大変さと大切さ，やりがいが分かりやすい内容の話にする。 |

5 **本時の学習計画**

(1) 本時のねらい

　〇働くことの大切さについて考え，みんなのために働こうとする意欲をもつ。

（2）本時の展開

| 過程 | 学習活動と内容・発問 | 指導上の配慮事項と評価 | キャリア教育の視点から見た重要なこと |
|---|---|---|---|
| 導入 | 1　がんばっている係や当番，お手伝いについて発表する。<br>○前時に作った，お仕事がんばっているよカードを紹介する。 | ・がんばっていることの発表から，仕事の大変さが感じられるようにし，資料の読みがスムーズになされるようにする。 | ○これまでの係活動や当番活動，お手伝いについて振り返る。<br>自他の活動を認めあう力 |
| 展開 | 2　資料について聞き，登場人物や状況について確認する。<br>○仕事が来るのを待っていたケイくんに，自分にしかできない仕事が入った時，ケイくんはどんな気持ちになったでしょう。<br>3　主人公「ケイくん」の気持ちを中心に話し合う。<br>○ケイくんが険しい山道に負けずにがんばれたのはなぜでしょう。<br>○おじいさんおばあさんの笑顔を見たり，会社でほめられたりしたケイくんは，どんな気持ちになったでしょう。 | ・場面についてしっかりと確認できるように，場面絵を掲示する。<br>・険しい山道を走るケイくんの気持ちを十分に考えることで，仕事をやり遂げた時の達成感や，働くことのよさに深まりが得られるようにする。<br>○資料を通して，働くことの大切さやよさについて考えようとしている。 | ○険しい山道を走るケイくんの気持ちについて考える。<br>苦しい場面で負けない強い力<br>○仕事に大変な時もあるが，それを乗り越えた時に得られる充実感について気付く。<br>働くことの意義や人の役に立つことの素晴らしさに気付く力 |
| まとめ | 4　仕事をしてよかったと感じた経験について発表する。<br>5　教師の説話（教師という仕事をして，人に感謝された体験談）を聞く。 | ・喜んでもらえたことやうれしくなった経験を想起するよう助言する。<br>○これからも，身の回りの人たちのため仕事をしようという意欲をもつ。 | ○教師の説話により，児童の係や当番，お手伝いと同様に，大人は職業に対してやりがいを感じていることに気付く。<br>将来に対する漠然とした夢やあこがれをもつ力 |

## 6 資料分析

［資料名］「ケイくんのたくはいびん」（出典：『みんなのどうとく1年』学研）

本資料は，仕事がなくても毎日体をピカピカにしている主人公「ケイくん」が，自分にしかできない仕事を懸命にやり遂げ，仕事に対する充実感や達成感を実感するものである。

懸命に仕事に取り組む主人公と，日頃の係活動や当番活動，お手伝いに取り組む児童自身を重ね合わせることで，がんばって働くことの意義を理解させ，勤労意欲の向上につなげたい。

| 登場人物の動き | 登場人物の心の動き | 主な発問と補助発問 | 価　値 |
|---|---|---|---|
| ・仕事がなくても，毎日ピカピカにする。<br>・他の仲間が仕事に行くのを送り出す。 | ○いつでも仕事ができるよう準備をして待っている。<br>○仲間が働くのを見て，自分も働きたいと思っている。 | ○仕事が来るのを待っていたケイくんに，自分にしかできない仕事が入った時，ケイくんは，どんな気持ちになったでしょう。 | ・使命感<br>・自己有用感<br>・自己理解<br>・他者理解 |
| ・山の上のおうちに配達することになる。<br>・せまい道はケイ君しか通れない。 | ○やっと自分にも仕事が入った。<br>○自分にしかできない仕事が来て，とてもうれしい。 | | |
| ・険しい山道を懸命に登り，おじいさんとおばあさんに荷物を届ける。 | ○ぼくも，みんなと同じようにしっかりと仕事をやりとげるぞ。<br>○おじいさんとおばあさんのためにがんばるぞ。 | ○ケイくんが険しい山道に負けずにがんばれたのはなぜでしょう。 | ・責任感<br>・忍耐力<br>・使命感 |
| ・おじいさんとおばあさんの笑顔を見る。<br>・会社で社長さんや仲間にほめてもらう。 | ○おじいさんとおばあさんが喜んでくれてよかった。<br>○社長さんや仲間がほめてくれた。うれしいな。<br>○もっと仕事をがんばりたいな。 | ○おじいさんおばあさんの笑顔を見たり，会社ほめられたりしたケイくんは，どんな気持ちになったでしょう。 | ・働く喜び<br>・勤労の意義<br>・勤労意欲の向上 |

# おしごと　がんばっているよ　カード

| 1ねん　　　くみ　なまえ |

| | なまえ | |
|---|---|---|
| かかり | がんばっているよ!! | がんばりの　かお |

| | なまえ | |
|---|---|---|
| とうばん | がんばっているよ!! | がんばりの　かお |

| | なまえ | |
|---|---|---|
| おてつだい | がんばっているよ!! | がんばりの　かお |

**キャリアの視点に基づく授業実践例：小学校4年道徳の時間**

1 **主題名** 自分をみつめて（内容項目1−(4)）
　〔資料名〕「どっちにしようか」（出典　『ゆたかな心で』東京書籍）

2 **目標**
　今，自分にとって何が大事なことなのか，自分の役割を自覚しながら，適切に判断し，実行していく力を養う。

3 **ねらいとする価値とキャリア教育（社会的・職業的自立に必要な能力）との関わり**
　小学校中学年になると行動範囲が広がり，友達関係が深まるにつれて，自分でやってみようとする欲求が強くなってくる。しかし，欲求のまま度が過ぎた行動をすると，他人に迷惑をかけたり，ややもすると危険なことに巻き込まれたりすることさえある。時には目の前の楽しいことに夢中になり，約束していたことをすっかり忘れてしまって後悔することもある。物事に取り組む前には，十分に考えて行動することが大切であり，さらに自分の行動を振り返って次に生かそうとする心構えをもつ必要がある。自分の行動を見つめ，過ちに気付いたり，正直で誠実な行動とはどういうことなのか，多方面から考えたりすることは，よりよく生きていくために大切なことであり，情報の理解・選択・処理，本質の理解，原因の追及等，課題対応能力を培う基となると考えられる。

4 **全体計画（事前・事後指導を含め，全3時間）**

| 時 | 主な学習内容 | 評価の観点 | キャリア教育の視点から身に付けさせたい能力 | 指導上の留意点 |
|---|---|---|---|---|
| 1 | ・学校や家で行っている自分の仕事について振り返る。<br>・日々の生活の中で迷った体験について記す。 | ・家族の一員として自分の役割を振り返ることができる。<br>・自分の行動を見つめて書くことができる。 | ・自己の役割を理解する力 | ・学習シートの例を見ながら，自分の役割について思い出させたい。 |
| 2（本時） | ・資料「どっちにしようか」を読み，主人公の葛藤場面の役割演技をする。<br>・どういう判断をすればよいのか，話し合う。 | ・約束を守ることと目の前の好きなことを続ける行動の是非について，友達の意見を聞いて考えを深めている。<br>・揺れる自分の気持ちを表現できる。 | ・何を優先するべきかを判断する力<br>・自らの思考や感情を律する力 | ・「お母さんとの約束を守りたい心」「クラスのために，試合を続けたい心」になりきって役割演技をすることで，主人公はどうすればよいのかを考えさせたい。 |
| 3 | ・授業で感じたことを手紙文にして主人公に手紙を書く。 | ・揺れる広の心に共感しながら，どうあればよいのか，考えることができる。 | ・自分で判断し，行動する力 | ・手紙を書く前に，授業でのやりとりを思い出しながら，主人公に伝わるようにていねいに書く指導をする。 |

## 5　本時の学習計画

（1）本時のねらい
　○主人公の迷いを想像しながら，よく考えて行動し，誠実に生きようとする。
　○自分の役割を自覚しながら，適切に判断し，実行しようとする力を養う。

（2）本時の展開

| 過程 | 学習活動と内容・発問 | 指導上の配慮事項と評価 | キャリア教育の視点から見た重要なこと |
|---|---|---|---|
| 導入 | 1　どっちにしようかと迷った経験について発表する。 | ・前時の授業で，まとめたシートを見せて，感想を述べさせる。 | ○迷った経験で，自分はどう判断したかを見つめる。<br><br>自分の役割を理解する力 |
| 展開 | 2　「どっちにしようか」の話を聞いて話し合う。<br><br>○「いいとも。まかしとけ」と言った時の広はどんな気持ちだったでしょう。<br><br>○「あっ，いけない。」と思った時，広はどんなことを考えたでしょう。<br><br>○「野球を続けたい心」と「約束を守りたい心」になって広君に話しかけてみましょう。<br><br>◎どっちにしようか，迷っている広はどうしたらよいと思いますか。 | ・主人公の迷いに気付くことが容易でない子どものために，「どっちにしようか迷っている広君がいる」ということを押さえながら範読する。<br>・さし絵で場面がいつでも分かるようにしておく。<br><br>○「野球を続けたい心」「お母さんとの約束を守ろうとする心」になって役割演技をすることで，主人公の迷いについて考えようとしている。<br><br>○自分の役割を自覚しながら適切に判断し，実行しようとしている。（発表） | ○主人公の立場について考える。<br><br>何を優先するべきかを判断する力<br><br><br><br><br><br>○主人公の姿を通して，主人公の取るべき道を探る。<br><br>自らの思考や感情を律する力 |
| まとめ | 3　「心のノート」28・29ページを読む。 | ・双方の立場になって考えてみる。 | |

## 6　資料分析

〔資料名〕「どっちにしようか」（出典：『ゆたかな心で』東京書籍）

| 登場人物の動き | 登場人物の心の動き<br>（主人公：広） | 主な発問と補助発問 | 価値 |
|---|---|---|---|
| 木曜日の放課後，1組と2組とで野球の試合をすることになった。広は，ピッチャーを頼まれ，快く引き受けた。<br><br>広は，3塁打を打ち，1組に2点得点が入る。いつの間にか，周りでは，大勢の友達が応援していた。 | ・ぼくにまかせてくれよ。<br>・よし，勝つようにがんばるぞ。<br>・打たれないようにいい球を投げるぞ。<br>・逆転してやろう。 | 「いいとも。まかしとけ」と言った時の広はどんな気持ちだったでしょう。 | 友情 |
| 広は，時計が3時半を過ぎているのに気付き，お母さんとの約束を思い出す。 | ・どうしようか。<br>・あっ。そういえばお母さんと約束があったんだ。<br>・もうこんな時間だ。早く帰らなくちゃ。 | 「あっ，いけない。」と思った時，広はどんなことを考えていたでしょう。 | 自由・責任 |
| 広の話を聞き，みんなは口々に引き止める。<br><br>広は，お母さんの待っている様子を思い浮かべたり，自分が帰った後の試合の様子を考えたりして迷ってしまう。 | ・どっちにしようか。<br>・今帰ったら，みんなが困るだろうなあ。<br>・せっかく逆転できそうなところなのに。<br>・もう少しやっていてもかまわないかな。<br>・このまま試合を続けていたら，お母さんは家で困るだろうなあ。 | 「野球を続けたい心」と「約束を守りたい心」になったつもりで話しましょう。<br><br>どっちにしようか迷っている広は，どうしたらよいと思いますか。 | 正直・誠実・明朗 |

# あなたはどんな仕事をしていますか？   4年　組　名前

1　あなたの学校や家での仕事について，例にならって書いてみよう。

|  | 学校での仕事 | 家での仕事 |
| --- | --- | --- |
| 例 | 花係，生き物係，配達係，窓係，一人勉強係，本読みカード係，黒板係，連絡係，カーテン係，配膳台係など | 新聞配達係，郵便係，お茶碗係，お風呂係，お布団係，テレビ係，洗濯係，妹係，弟係，お買い物係など |
| 名前 |  |  |

2　何かをするときに，迷ったことについて書いてみよう。

| 例 | ・宿題を先にやるか，友達と遊ぶか。<br>・ゲームを先にやるか，宿題を先にやるか。<br>・テレビを見るか，友達と遊ぶか。<br>・本を読むか，テレビを見るか。<br>・だれと遊ぼうか。　　　　　　など。 |
| --- | --- |
| 名前 |  |

> キャリアの視点に基づく授業実践例：小学校6年道徳の時間

1　主題名　自由・規律（内容項目1−(3)）
〔資料名〕「修学旅行の夜」（出典　『明日をめざして』東京書籍）

2　目標
　自由の大切さを理解し，自他の自由を尊重するとともに，自分の責任を踏まえた自律的な行動をしようとする態度を養う。

3　ねらいとする価値とキャリア教育（社会的・職業的自立に必要な能力）との関わり
　「自由に過ごしたい」という思いは誰しもがもっているものである。しかし，「自由」の本当の意味について理解せず，身勝手な行動をとる子どももいる。自分の自由だけでなく，他人の自由をも尊重することが大切であり，自由とともに自ら責任をもって行動することの大切さがそこにある。この点で，本主題は，「人間関係形成・社会形成能力」「自己理解・自己管理能力」を育むキャリア教育のねらいと一致しており，資料を通して「自由と自分勝手とのちがい」「責任」について考えさせたい。

4　全体計画（事前・事後指導を含め，全3時間）

| 時 | 主な学習内容 | 評価の観点 | キャリア教育の視点から身に付けさせたい能力 | 指導上の留意点 |
|---|---|---|---|---|
| 1 | ・「修学旅行」に関するアンケート調査をする。<br>・5年生で行った宿泊体験学習の経験を思い出し，「やりたいこと」「心配なこと」を話し合う。 | ・「やりたいこと」がいつでも自由にやれるものではないことに気付くことができる。 | ・「自由」と「自分勝手」の意味について，考える力 | ・本音で語ることができるような環境をつくる。<br>・事前のアンケートを基に「自由」には必ず「責任」が伴うことがわかる資料を作成する。 |
| 2<br>(本時) | ・資料「修学旅行の夜」を読み，主人公の「自由」に対する気持ちの変化について考える。<br>・「自由と自分勝手」の違いについて自分の考えを深める。 | ・「自由」と「自分勝手」の違いについて，資料や自らの体験，発表などを基に，考えを深めることができる。 | ・「自由」と「自分勝手」の意味を理解する力<br>・規範意識をもち，信頼される行動をとろうとする力 | ・今までの経験から自分の行動を考え，これから行く「修学旅行」でどのような考えを基に行動するべきかを考えさせたい。 |
| 3 | ・自分の体験（修学旅行）を基に，心のノート22〜23ページを活用しながら，「自由」「責任」について，感じたことや考えたことをまとめる。 | ・自分の将来の生き方について真剣に考えようとしている。 | ・家庭や社会の一員として自分のできることについて考える力<br>・「自分」と「責任」を理解し，将来のために自分の生き方を見つめ直す力 | ・学級の「自分」に関する意識調査を参考に，「自由」と「責任」について自分の考えをまとめられるようにする。<br>・心のノートを活用する。 |

5　本時の学習計画
(1)　本時のねらい
　○「自由」の大切さを理解し，自他の自由を尊重することを考える。
　○自分勝手な行動から責任を果たすことができなかったことについて考える。

（2）本時の展開

| 過程 | 学習活動と内容・発問 | 指導上の配慮事項と評価 | キャリア教育の視点から見た重要なこと |
|---|---|---|---|
| 導入 | 1 「自由」について，今までに考えたことを話し合う。<br><br>○今までにもっと自由が欲しいと思ったことを発表する。 | ・具体的な場面が考えられるようにする。<br>・自分の気持ちを素直に発表できるようにする。 | ○「やりたいこと」をやることが，他の人にどのような思いをもたせる可能性があるかを考える。<br><br>「自由」と「自分勝手」の意味について考える力 |
| 展開 | 2 資料「修学旅行の夜」を読み，主人公の「自由」に対する考えの変化について話し合う。<br><br>○おしゃべりの仲間に入っていった班長の「わたし」は，どんな気持ちからそうしているのか。<br><br>○班長の「わたし」が注意するのをやめて，おしゃべりの仲間に入っていったのはどんな気持ちからでしょう。<br><br>○先生が言った「自由と自分勝手との違い」とは，どんなことでしょう。<br><br>3 自分の経験について話し合う。 | ・自分たちの宿泊のときを思い出し，班長の気持ちをつかむことができるようにする。<br><br>・班長も他の人と同じ気持ちであることに気付くようにする。<br><br><br><br>・自分たちの楽しみが他の人には迷惑になっていることに気付くようにする。<br><br>○他の人々の思いについて考えようとしている。<br><br>・導入時の発表とも関連付けて考える。<br><br>○自分勝手な行動から責任を果たすことができなかったことについて考えている。 | ○実際に行動することは，困難であることに気付く。<br><br><br><br><br>○反対の立場になって考えることができるように助言する。<br><br>「自由」と「自分勝手」の意味を理解する力<br><br>○「自由」と「自分勝手」の意味の違いを考え，「自由」の本当の意味を自分の言葉でまとめる。<br><br>規範意識をもち，社会におけるルールや相手の自由を守るなど信頼される行動をとろうとする力 |
| まとめ | 4 教師の体験談を聞く。 | ・教師の体験談として，自由と責任の関わりについて話し，自律的で責任のある行動をしようとする意欲をもつことができるようにする。 | |

## 6　資料分析

〔資料名〕「修学旅行の夜」（出典：『明日をめざして』東京書籍）

　本資料は，修学旅行の夜，消灯後も大騒ぎしてしまうという現実によくある問題を取り上げ，自由と責任の関わりについて考えられる資料である。夕食後「自由にしたい」といいながら，「できるだけ静かに寝よう」と話し合うが，消灯後，しだいに楽しい気分になり，まくら合戦になってしまう。そこへ至るまでの班長の心の動き，先生の班長への言葉，その後のみんなの様子など，身近で現実的な事件を追いながら，ねらいにアプローチできるように構成されており，子どもの心理にあった資料といえる。

　班員の気持ちに十分共感するようにし，相手側の心情を推し量るようにさせたい。そして，「自由と自分勝手とのちがい」について，観念的な言葉ではなく，自分のことを振り返りながら考えることができるようにしたい。さらに規範意識をもって行動することの大切さについて考えさせたい。

| 登場人物の動き | 登場人物の心の動き | 主な発問と補助発問 | 価　値 |
|---|---|---|---|
| ・修学旅行の夕食のあと，消灯後のことが話題になる。<br>・人に迷惑をかけないように気を付けて，一年に一回ぐらいは，自分たちの思うようにしたいという意見が出る。<br>・できるだけ静かに寝ようと決めた。 | ○班長としての責任。<br>○話し合いを真剣にして欲しい。<br>○みんなで決めた約束を守ってくれるだろうという安心した気持ち。 | ○今までに，もっと自由が欲しいと思ったことがありますか。 | ・使命感<br>・責任感<br>・規則の尊重 |
| ・いつの間にか大きな声を出して注意しても効き目がなくなった。<br>・主人公は，班長として注意した。<br>・修学旅行の夜ぐらいいいじゃないかと言い返されてしまう。 | ○みんなで決めた約束を守って欲しいという気持ち。<br>○どうして守ってくれないのかという怒りの気持ち。 | ○おしゃべりの仲間に入っていった班長の「わたし」は，どんな気持ちからでしょう。 | ・勇気<br>・信頼友情 |
| ・なりたくてなった班長ではないのでもう注意しなくてもよいと思う。<br>・おしゃべりの仲間に入りまくら投げをする。 | ○自分だけが責任を負わなくてもよい。<br>○普段の学校生活では味わえない楽しさがある事に気付く。<br>○楽しくて班長としての責任がだんだん遠のいている。 | ○班長の「わたし」が注意するのをやめて，おしゃべりの仲間に入っていったのはどんな気持ちからでしょう。 | ・権利・義務<br>・社会的役割の自覚と責任 |
| ・隣の部屋の人に注意される。<br>・先生に「自由と自分勝手とのちがいを考えなさい。」と言われ考える。 | ○度を越して，規律をすっかり忘れていたことを反省する。<br>○自由を主張して，責任ある行動が取れなかったことを考える。 | ○先生が言った「自由と自分勝手との違い」とは，どんなことでしょう。 | 規範意識をもつ<br>・自由・責任<br>・節度ある生活態度<br>・公徳心 |

# 修学旅行の夜

名前

◎今までに、もっと自由が欲しいと思ったことがありますか。

◎消灯後静かに寝ようという班の約束が守れなかったのはなぜでしょう。

◎班長の「わたし」が注意するのをやめて、おしゃべりの仲間に入っていったのはどんな気持ちからでしょう。

◎先生が言った「自由と自分勝手とのちがい」とは、どんなことでしょう。

**キャリアの視点に基づく授業実践例：中学校1年道徳の時間**

1 **主題名** 自分を好きになる（内容項目1-(5)）

〔資料名〕「虎」（出典 『中学生の道徳』あかつき）

2 **目　標**

　自分を見つめ，自分のよさを生かし，さらに伸ばしていくために前向きに取り組もうとする　意欲や態度を育てる。

3 **ねらいとする価値とキャリア教育（社会的・職業的自立に必要な能力）との関わり**

　人にはそれぞれ違ったよさや個性がある。将来を考える上で自分のことをよく知り，理解を深めることはとても大切なことである。特に，自分のよさを知り，それを伸ばし生かしていくことは，よりよい生き方につながる。また，他者の多様な個性を理解し，互いに認め合うことは，よりよい人間関係をつくっていくためにとても重要なことである。

　中学生の段階では，自分の個性について深く考えたり，自分の特性を積極的に生かそうとしている生徒は少ない。しかしながら，夢と現実のはざまで，今後自分はどうしていけばいいのか少しずつ考えることができるようになる。本資料の主人公の生き方を通して，自分のよさを見出し，理解した上で，それを伸ばそうと努める意欲や態度を育て，そのことがより充実した生き方につながっていくことに気付かせたいと考える。

4 **全体計画（学級活動による事前・事後指導を含め，全3時間）**

| 時 | 主な学習内容 | 評価の観点 | キャリア教育の視点から身に付けさせたい能力 | 指導上の留意点 |
|---|---|---|---|---|
| 1 | ・友達のよい面を見つけて，互いに認め合う。<br>・様々な人の意見を参考に，自分の特色についてまとめる。 | ・自他のよさや個性に気付き，自他の個性についてまとめ，自分の問題について考えることができる。 | ・相手の意見を聞いて自分の考えを正確に伝えるとともに，自分の意見を述べ合う力<br>・級友の発表を，自分の考えに結び付ける力 | ・ペアを組ませて，お互いに話し合うことが出来るように配慮する。<br>・友達の感想を，自己を見つめるために生かすように助言する。 |
| 2<br>(本時) | ・資料「虎」を読み，主人公の仕事に対する気持ちの変化について考える。<br>・観客から大きな喝采を受け，涙を流したときの主人公の気持ちについて考える。 | ・資料や主人公の心の動きをもとにして，自分の個性やよさを伸ばすことの意義を理解し，自分の生活をよりよくしようとする意欲をもつことができる。 | ・「やればできる」と考えて行動するとともに自らの思考や感情を律し，研さんする力<br>・自分自身のよさを伸ばすことの意義を理解し今後の成長のために進んで学ぼうとする力 | ・自分のよさをさらに伸ばしたり，課題を見つけて積極的に解決しようとする生き方が自分の生活をよりよくすることにつながることに気付かせる。 |
| 3 | ・自己分析を行い，自分の特色をまとめる。<br>・自己分析をもとに現在の自分の課題をまとめ，今後の努力目標を作成する。 | ・自分のよさをさらに伸ばしたり，課題を見つけて積極的に解決しようとしたりすることができる。 | ・自分の特色や適性などについて，よく考え，正しく分析をする力<br>・自分の特性を理解し，将来のために自分の生き方を見つめ直す力 | ・みんながそれなりに不安や悩みをもっていることに気付かせる。<br>・分析の結果は絶対的なものではなく，自分の意識や行動で変わっていくものだということを助言する。 |

5 **本時の学習計画**

(1) 本時のねらい

　○現実の厳しさに苦しみながらも，自分を見つめ，努力する主人公の心の動きを通して，個性を伸ばすことの大切さを理解し，自分のよさをさらに伸ばしたり，課題を見つけて積極的に解決しようとしたりすることの意欲を高める。

（2）本時の展開

| 過程 | 学習活動と内容・発問 | 指導上の配慮事項と評価 | キャリア教育の視点から見た重要なこと |
|---|---|---|---|
| 導入 | 1 「自分らしさ」とは，どんなことか。自分の特徴について考える。<br>○前時にまとめた「自分の特色」を発表する。 | ・自分について知るためには様々な角度から見ていくことが必要であることに気付かせる。<br>・自分のよい面に目を向けるよう助言する。 | ○自分のよさや個性について，「自分が知らない面」「他者が知らない面」があることに気付く。<br>様々な意見から，自分なりに考える力 |
| 展開 | 2 資料を読み，主人公の「虎」の役に対する気持ちの変化について考える。<br>○観客の喝采がいつまでも鳴り響いていた。観客をこれほど感動させたものは何だろう。<br>○虎の役を振られた八輔はどんな気持ちだったのだろう。また，そんな八輔をどう思うか。<br>○振られた脇役に不満を持っていた八輔が，虎になりきろうと決意したのはどんな考えからか。 | ・読後の余韻を大切にし，八輔の演技の何が観客の心を捉えたのかをじっくり考えさせる。<br>・脇役を不満に思う八輔の気持ちに共感させながら，ありのままの自分自身を見つめられるようにする。<br>・自分のよさを生かそうと決意した主人公の心の変化を支えたものを追究させる。<br>○主人公の涙のわけを考えることを通して，充実した生き方について考えようとしている。 | ○働くことには，時には大きな困難があることに気付くとともに，それに向かって，前向きに取り組むことに意義があることを理解する。<br>困難に負けず，前向きに考える力<br>○自分のよさをさらに伸ばしたり，課題を見つけて積極的に解決しようとしたりすることが自分の生き方をよりよくすることにつながることに気付く。<br>「やればできる」と考えて行動するとともに，自らの思考や感情を律し，研さんする力 |
| まとめ | 3 主人公の生き方から学んだことをまとめる。 | ・資料に関連のある価値について，自分自身の考えをもたせる。<br>○自分の個性やよさを伸ばすことの意義を理解し，自分の生活をよりよくしようとする意欲をもつことができる。 | ○自分自身を信じ，自己の優れている点面の見付けて，そこをさらに伸ばしていくことの大切さに気付く。<br>自分自身のよさを伸ばすことの意義を理解し，今後の成長のために進んで学ぼうとする力 |

## 6　資料分析

〔資料名〕「虎」（出典：『中学生の道徳』あかつき）

　本資料は，新劇の売れない役者である主人公深井八輔が，現実の厳しさに挫けそうになる中で，自らの特性に気付き，与えられた役を懸命にこなすことで，観衆に大きな感動を与えるとともに，自分自身が大きな満足感を得るという内容である。いつも脇役しか与えられない役者である八輔にまたしても台詞のない「虎」の役が割り当てられた。この役が不満で，腹立たしくさえ思っていた八輔だったが，実際の虎の観察を通して，自分の役者としての持ち味に気付き，虎一役にかけようと決意を固める。そして，舞台で虎そのものになりきった八輔に観客は拍手喝采を贈る。役を演じきる中で，彼の心に新たな感情が芽生え，役を引き上げた後，息子を抱き上げ涙をこぼす。主役にはなれなくとも，自らに課せられた役に自己を輝かせようとひたむきに努力する八輔の姿に，生徒は自己の体験を重ね共感しやすい。自分を卑下することなく，自分のよさに目を向け，それを生かし伸ばそうとすることが，より充実した生き方につながることを考えさせられる資料である。

| 登場人物の動き | 登場人物の心の動き | 主な発問と補助発問 | 価　値 |
|---|---|---|---|
| ・役者試験に落第するも，再度チャレンジをして入団を許された。 | ○落第しても自分の夢を追い続けた。<br>○これからの仕事に対する前向きな気持ち。 | | |
| ・35歳を超えても舞台で演じるのはいつも道化か脇役ばかり。<br>・うだつの上がらない自分自身を知っていても自分ではどうしようもできない。<br>・今回も振られた役は虎一役だった。 | ○自分の地位には決して満足してはいない。<br>○自分の力ではどうしようもない。<br>○自分の境遇を考えると8歳で初舞台を踏んだ息子にもひけ目を感じる。<br>○虎の役は馬鹿にされているようで腹立たしくさえ思う。 | ○虎の役を振られた八輔はどんな気持ちだったのだろう。また，そんな八輔をどう思うか。 | ・挫折感<br>・自己を<br>　　見つめる<br>・勤労の意義 |
| ・息子が動物園に行きたいと言い出した。 | ○これを天啓と受けとめて，行くことにした。 | | |
| ・動物園の虎の檻の前に立つ。虎も八輔も動かない。<br>・しまいには，虎と同じ心持ちで同じことを考えているように感じた。 | ○そうだ。思い切って虎になってやるぞ。<br>○俺には色男の気持ちより虎の気持ちが分かるのだ。<br>○俺でなければこの役はできない。 | ○振られた脇役に不満を持っていた八輔が，虎になりきろうと決意したのはどんな考えからか。 | 自分を好きになる<br>・自分を知る<br>・弱さの克服<br>・個性の伸長<br>・理想の実現 |
| ・八輔の虎は，動物園の虎そのものだった。<br>・観客は湧きたち，「深井」と呼ぶ声が起こった。<br>・引き上げた八輔は息子を抱きしめ，涙を流した。 | ○もう不平もなかった。憤激もなかった。憂鬱もなかった。恥辱もなかった。<br>○言いようのない快感のみが存在した。<br>○自分は与えられた役をやり遂げることができた。 | ○八輔はなぜ涙を流したのだろう。 | ・達成感<br>・充実した生き方 |

## 道徳の時間

月　　日（　）

＿＿＿組　＿＿＿番　氏名＿＿＿＿＿＿＿＿＿＿＿＿

| 資料名 | 虎 | 久米　正雄　原作 |

役者名：深井　八輔　　年役：無中脇役

虎一役

恥しさ／怒り／悲しみ／息子への思い

「虎になりきろう。」と決意したのはどんな考えからか？

観客の喝采／涙

【自己評価】
◎とてもよい　○よい
△　よくない
※　ない場合は，空欄

| 評価 | 1　よく聞いた | | 2　よく考えた | |
|---|---|---|---|---|
| | 3　発表した | | 4　心に響いた | |

**キャリアの視点に基づく授業実践例：中学校2年道徳の時間**

1　**主題名**　社会への奉仕（内容項目4-(5)）
　〔資料名〕「加山さんの願い」（出典　『自分を考える』あかつき）

2　**目　標**
　勤労を通して社会に貢献することが充実した生き方につながることを感じとらせ，公共の福祉と社会の発展に尽くそうとする実践意欲を育てる。

3　**ねらいとする価値とキャリア教育（社会的・職業的自立に必要な能力）との関わり**
　勤労は個人の生活のためだけでなく，自己実現や幸福を追求するためのものであると同時に，社会を支えるという重要な役割を果たしている。また，奉仕活動とは，社会へ尽くす喜びを体得することでもある。本資料は，これまでの体験学習や進路学習などと関連させ，様々な角度から勤労や奉仕の大切さを感じ取らせることができると考える。キャリア教育においては，「人間関係形成・社会形成能力」をはぐくむための基盤となり，公共の福祉と社会の発展に尽くそうとする実践意欲につなげるために有効ではないかと感じる。

4　**全体計画**

| 時 | 主な学習内容 | 評価の観点 | キャリア教育の視点から身に付けさせたい能力 | 指導上の留意点 |
|---|---|---|---|---|
| 事前指導 | ・これまでのボランティア活動を振り返り，アンケートに答える。<br>・資料を読んで感想を書く。 | ・資料から，主人公がどんな気持ちで活動に臨もうとしているのかを考えることができる。 | ・資料を通して，ボランティアに取り組む人の思いを考える力 | ・ボランティア活動についてアンケート用紙を準備する。<br>・事前に資料を読ませ，話の内容を理解させておく。 |
| （本時） | ・資料「加山さんの願い」を読み，主人公のボランティア活動に対する気持ちの変化について考える。<br>・ボランティア活動の在り方について自分の考えを深める。 | ・働くということは，個人のためばかりではなく社会を支えていることに気付き，ボランティアのもつ真の奉仕の精神を理解しようとしている。 | ・他者の良さや感情を理解し，尊重する力<br>・他者に配慮しながら積極的に人間関係を築こうとする力<br>・勤労の意義や働く人々の思いを理解しようとする力 | ・ボランティアとは「助けてあげる」という一方的なものではなく，「自分にできることを当たり前のこととしてやる」ということに気付かせることで，社会奉仕についてさらに考えを深め，実践意欲につなげさせたい。 |
| 事後指導 | ・振り返りの感想を交換し，お互いに読み合う。 | ・今後の職場体験学習やボランティア活動への意識が高まってきている。 | ・学習で得たことを，今後に生かそうとする力 | ・今後の職場体験学習やボランティア活動につなげていきたい。 |

5　**本時の学習計画**
（1）本時のねらい
　〇ボランティア活動のあり方を話し合うことで，真の奉仕の精神を理解する。

（2）本時の展開

| 過程 | 学習活動と内容・発問 | 指導上の配慮事項と評価 | キャリア教育の視点から見た重要なこと |
|---|---|---|---|
| 導入 | 1 体験学習についてのアンケート結果を確認する。 | ・視聴覚機器を活用してアンケート結果を分かりやすく提示する。 | ○アンケート結果や感想に共感しながら活動について振り返る。 |
| 展開 | 2 資料「加山さんの願い」を読み，主人公のボランティアに対する考えの変化について話し合う。<br><br>○中井さんから拒絶されながらも通い続けた加山さんはどんな気持ちだったのだろう。<br><br>○中井さんが加山さんに心を開くようになったのはなぜだろう。<br><br>◎雨の中で傘を持ったまま加山さんが考え続けたことは何だろう。<br><br>○「ちょっと行ってくるよ」と出かける加山さんの言葉には，加山さんのどのような気持ちが表れているか。<br><br>3 ゲストティーチャーからの話 | ・話し合いに時間をかけるために，事前に資料に目を通させておく。<br><br>・義務感で続けている加山さんの気持ちを，切り返しの発問を交えて，おさえることができるようにする。<br><br>・加山さんの心の動きが分かるような板書の工夫をする。<br><br>○働くということは，個人のためばかりではなく社会を支えていることに気付いている。<br><br>・助け合うことが当然の姿であるということを伝えてもらう。 | ○相手の心を開くためには，まず自分が心を開き，自然に接することが大切であるということに気付く。<br><br>他者の良さや感情を理解し，尊重する力<br><br>他者に配慮しながら積極的に人間関係を築こうとする力<br><br><br><br>○世話をすることもされることも，支え合う社会ではごく自然な当たり前のことであることをふまえる。<br><br>勤労の意義や働く人々の思いを理解しようとする力 |
| まとめ | 4 今日の授業の振り返りをする。 | ○真の奉仕の精神を理解しようとしている。 | ○社会奉仕の在り方，意義を考える。<br><br>学習で得たことを今後に生かそうとする力 |

## 6　資料分析

〔資料名〕「加山さんの願い」（出典：『自分を考える』あかつき）

　独居老人の孤独死に心を痛めた主人公が，自分にもできそうな老人訪問のボランティアを始める。しかし，簡単だと思っていたこの仕事が，なかなか一筋縄ではいかないことを知る。訪問した二人の老人を通して主人公が自らの認識の誤りに気付いていく姿から，ねらいに迫ることができる。主人公の「してあげる」という目線が，「当たり前のことをする」という受け手と同じ立場の目線に変わったとき，世話をする側とされる側の互いの心が通じ合う。地域の住民との人間関係やボランティアの在り方について理解を深められる資料である。

| 登場人物の動き | 登場人物の心の動き | 主な発問と補助発問 | 価　値 |
|---|---|---|---|
| 独居老人の孤独死を悔やんだ加山さんは，お年寄りを訪問するボランティアを始める。 | ○これなら自分にもできそうだ。お年寄りの話し相手になるくらいなら自分にもできるだろう。 | | |
| 最初に訪れた中井さんには追い返されたが，次の田中さんは申し訳なさそうに礼を言ってくれた。 | ○せっかく訪ねたのに中井さんの態度はなんだ。田中さんにはよいことをしたと感じた。始めてよかった。 | ○中井さんから拒絶されながらも通い続けた加山さんはどんな気持ちだったのだろう。 | 思いやり |
| 中井さんとはうまく交流できなくても，訪問し続けた。田中さんへの訪問で元気を取り戻せるのが救いだった。 | ○義務感から訪問を続けた。<br>○中井さんにはあまり訪問したくない。田中さんへの訪問はうまくいっている。 | | |
| 父親の話題をきっかけに，中井さんと初めて何の身構えもなく話すことができた。 | ○満たされた気持ちで一杯だった。義務感からだけではなく，また来ようと思った。 | ○「私も楽しみになりましたよ」と中井さんが加山さんに心を開くようになったのはなぜだろう。 | 社会連帯 |
| ふと田中さんの顔が思い出された。加山さんは思わず立ち止まって考え続けた。 | ○「何かしてもらうのが嫌だ」という中井さんの言葉はこたえた。<br>○つらそうな顔をする田中さんには謝らなければならない。 | ○雨の中で傘をもったまま加山さんが考え続けたことは何だろう。 | |
| 今日も加山さんは，「ちょっと行ってくるよ」と出かけていく。 | ○自分にできることをしていく中で，人間として誰とでも自然に出会い支え合い，共に生きていければいいのだ。 | ○「ちょっと行ってくるよ」と出かける言葉には，加山さんのどのような気持ちが表れているか。 | 社会への奉仕 |

# 道徳　　加山さんの願い

| 組 | 番 | 氏名 |
|---|---|---|
|  |  |  |

1　中井さんから拒絶されながらも通い続けた加山さんはどんな気持ちだったのだろう。

```
┌─────────────────────────────────────┐
│                                     │
│                                     │
│                                     │
└─────────────────────────────────────┘
```

2　「私も楽しみになりましたよ」と中井さんが加山さんに心を開くようになったのはなぜだろう。

```
┌─────────────────────────────────────┐
│                                     │
│                                     │
│                                     │
└─────────────────────────────────────┘
```

③　雨の中で，傘をもったまま加山さんが考え続けたことは何だろう。

```
┌─────────────────────────────────────┐
│                                     │
│                                     │
│                                     │
└─────────────────────────────────────┘
```

4　「ちょっと行ってくるよ」と出かける言葉には，加山さんのどのような気持ちが表れているか。

```
┌─────────────────────────────────────┐
│                                     │
│                                     │
│                                     │
└─────────────────────────────────────┘
```

5　ボランティア活動や「働く」ということについて感じたことを書いてみよう。

```
┌─────────────────────────────────────┐
│                                     │
│                                     │
│                                     │
└─────────────────────────────────────┘
```

キャリアの視点に基づく授業実践例：中学校3年道徳の時間

1　主題名　仕事に生きる（内容項目4－(5)）
　〔資料名〕「たんぽぽ作業所」（出典　『明日をひらく』東京書籍）

2　目　標
　働くことの尊さや意義を理解するとともに，自らの人生をよりよく生きようとする意欲や態度を育てる。

3　ねらいとする価値とキャリア教育（社会的・職業的自立に必要な能力）との関わり
　人間は，生涯の中で約40年以上にわたって仕事に従事することになる。働くことでそこから収入を得て，生活することはもちろんであるが，自分の個性や能力を生かし社会に貢献する意義があることも忘れてはならない。また，そのことは自らの人生をよりよく生きるという「生きがい」ともかかわっている。この点で，本主題は望ましい職業観や勤労観を育むキャリア教育のねらいと一致しており，資料を通して「働くことの意義」について考えを深めさせていきたい。

4　全体計画（事前・事後指導を含め，全3時間）

| 時 | 主な学習内容 | 評価の観点 | キャリア教育の視点から身に付けさせたい能力 | 指導上の留意点 |
|---|---|---|---|---|
| 1 | ・職業に関する学級アンケート調査を行う。<br>・「ニート」「フリーター」など勤労に関する新聞記事などを見て，自分の考えをまとめる。 | ・若者がもつ一般的な「勤労観」について，現在の自分と比較しながら考えることができる。 | ・若者の勤労に関する問題点や働くことの目的について，資料から読み取り，自分なりに考える力 | ・「職業」と「ボランティア体験」に関するアンケート用紙を作成する。<br>・新聞記事と世論調査などの各種統計資料をもとに，「若者の勤労に関する意識」についてまとめた資料を作成する。 |
| 2（本時） | ・資料「たんぽぽ作業所」を読み，主人公の仕事に対する気持ちの変化について考える。<br>・「働くことの意義」について，自分の考えを深める。 | ・「働くことの意義や目的」について，資料や自らの職業体験活動，友人の発表などを基にして，考えを深めることができる。 | ・自らの思考や感情を律し今後の成長のために進んで学ぼうとする力<br>・資料をもとに，主人公の生き方や考え方の変化を自らの体験などと比較しながら考えることで，勤労の意義や働く人々の様々な思いを理解しようとする力 | ・ボランティア活動の経験やそこで得た充実感などから，働くことは社会に貢献するとともに，自分自身の生活に大きく関わってくることを自覚させたい。 |
| 3 | ・心のノート100～101ページに，自分の体験もとにし，「働く」ということについて感じたことや考えたことをまとめる。 | ・自分の将来の生き方について真剣に考えようとしている。 | ・職業の社会的な役割と意義を理解し，将来のために自分の生き方を見つめ直す力 | ・学級での勤労に関する意識調査のを参考に，「働くときに大切にしたいこと」について自分の考えをまとめるようにする。<br>・心のノートを活用する。 |

5　本時の学習計画
（1）本時のねらい
　○現実の厳しさに悩む主人公の心の動きや仕事に対する考えの変化を通して，生きがいについて考える。
　○働くことの尊さと喜びを感じ取り，社会の一員としてよりよく生きようとする意欲を高める。

(2) 本時の展開

| 過程 | 学習活動と内容・発問 | 指導上の配慮事項と評価 | キャリア教育の視点から見た重要なこと |
|---|---|---|---|
| 導入 | 1　「働くこと」とはどういうことか，資料から考える。<br><br>○前時にまとめた，職業に関する自分の考えを発表する。 | ・新聞記事や若者の意識調査の結果を分かりやすくまとめ，提示する。 | ○資料を通して，現代の若者意識を読み取る。<br><br>生き方や進路の情報を様々な資料から読み取り，自分なりに考える力 |
| 展開 | 2　資料「たんぽぽ作業所」を読み，主人公の仕事に対する考えの変化について話し合う。<br><br>○「ぼく」は修一君の世話をしながらなぜ悩んでいるのだろう。<br><br>○「自分が何をやればよいか少し分かりかけてきた」とあるが，どういうことが分かりかけたのだろうか。 | ・資料への興味を引き出し，場面を把握しやすくするため，登場人物などを絵で提示する。<br><br>○資料に対する興味が高まる。<br><br>・主人公が，お金だけを目的としていたら，悩んだりするのだろうか想像してみるよう助言する。<br><br>・青少年の意識調査や他者の意見を参考に自分の考えが深まる。<br><br>○資料を通して，勤労の意義や働く人々の思いなどについて考えようとしている。 | ○実際に働くと想像以上の困難があるということに気付く。<br><br>自らの思考や感情を律し，研さんする力<br><br>○自分の能力などを生かして社会に貢献することに，働く喜びや充実感があることに気付く。<br><br>資料を通して，勤労の意義や働く人々の様々な思いを理解する力 |
| まとめ | 3　働くために大切なことは何か，各自の考えを文章でまとめ，それをもとに話し合う。<br><br>○働くときに，自分が大切にしたいものは何か考える。 | ・心のノート98～99ページを読み，参考にするよう助言する。<br><br>○働くことの意義を理解し，現実の厳しさに負けず，充実した生き方を求める意欲をもつ。 | ○働くときに何を大切にしたいのか自分の言葉でまとめる。<br><br>職業の社会的な役割と意義を理解し，将来のために自分の生き方を見つめ直す力 |

## 6　資料分析

〔資料名〕「たんぽぽ作業所」（出典：『明日をひらく』東京書籍）

本資料は，高校時代からの願いがかなって福祉施設「たんぽぽ作業所」に勤務することになった主人公「ぼく」が，ある少年の担当になることで，現実の厳しさや困難に直面し，悩みながらも働くことの意味や働く喜びに目覚めていくという内容である。主人公は青年であるが，まだ働くことに現実的な認識をもたない中学生にとって，働くことの難しさや働くことの意味，働くことの喜びなどを考えるには適切な資料といえる。

主人公が仕事の困難さに悩み苦しむ姿をじっくりとらえ，その上で修一君の笑顔や母親の手紙から，自分の仕事への理解を深めた主人公に，働くことへの考えや姿勢にどんな変化が見られるかについて考えさせたい。仕事に生きがいを求める生き方について考えるのにふさわしい資料である。

| 登場人物の動き | 登場人物の心の動き | 主な発問と補助発問 | 価　値 |
|---|---|---|---|
| ・高校時代からの願いがかなって，福祉施設に勤務することになった。 | ○夢がついにかなったことへの喜び。<br>○これからの仕事に対する前向きな気持ち。 | ○主人公の「ぼく」は，どうしてたんぽぽ作業所で働こうと思ったのだろう。 | ・使命感<br>・働く喜び<br>・社会への奉仕<br>・責任感 |
| ・休む間もないほど作業や入所者への対応や食事の世話などに追われる。<br>・新しく川野修一君の担当になる。<br>・できるだけ手を貸さず一つ一つゆっくりとくり返し教える。 | ○作業所の仕事がこんなに忙しいとは思わなかった。<br>○戸惑いながらも，修一君の世話をしっかりやろうと思っている。<br>○少し不安になることもあるけれど，一生懸命やれば，きっとできるようになる。 | ○主人公の「ぼく」は修一君の世話をしながら，なぜ悩んでいるんだろう。 | ・挫折感<br>・勤労の意義<br>・自己を見つめる |
| ・修一君の母親の不安そうな様子。<br>・どんなにていねいに教えても，修一君の生活が変わらない。<br>・先輩に相談しても心が晴れない。 | ○こんなに一生懸命世話をしているのに，どうして変わらないんだ。<br>○修一君のお母さんに申し訳ない。<br>○理想と現実の厳しさのギャップに苦しむ。<br>○やっていけるのかな。 | | |
| ・作業の途中で修一君がいなくなり，いつまでも帰ってこない。とうとう作業が終了した。 | ○一体どこに行ったんだろう。心配だ。<br>○やっぱり自分じゃうまくいかないんだ。 | | |
| ・公園の入り口でうつむく修一君を見つける。<br>・修一君の両手をしっかりと握りしめ何度もうなずく。 | ○無事だ。よかった。<br>○自分に笑いかけてくれている。<br>○相手のことを考えず，自分だけがいい気になっていた。 | ○「今自分がなにをやればよいかすこしわかりかけてきたような気がする」とあるが，どういうことがわかりかけたのだろうか。 | 仕事に生きる<br>・相手の立場<br>・勤労の尊さ<br>・生きがいを求めて |
| ・修一君の母親からの手紙を読む。<br>・修一君の笑顔を思い出す。<br>・自分の仕事について考える。 | ○修一君は少しずつ変わってきていたんだ。<br>○人の世話は簡単じゃない。もっと相手のことを考えよう。<br>○自分も変わっていかなくてはいけないな。 | | |

# 3年　組　道徳の時間　『たんぽぽ作業所』～「働く」ことについて考えてみよう！～

番　　　　　　　　氏名

## 3年　組　職業に関するアンケート集計結果

**【勤労意欲】**（Q：将来社会に出て，働かなければならないがそれについてどう思うか？）

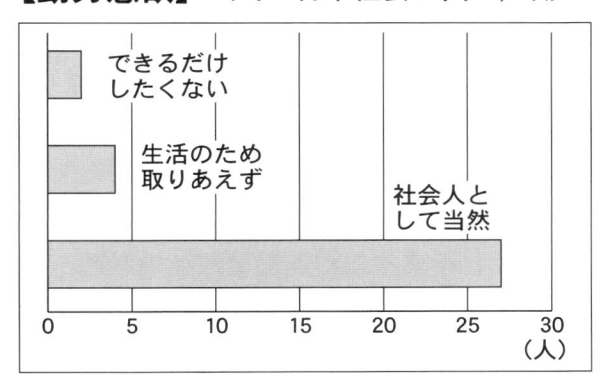

(グラフ：できるだけしたくない／生活のため取りあえず／社会人として当然　0〜30人)

・社会人として当然。
　自分の仕事に責任をもって取り組みたい。　27人

・生活のため，とりあえず働いて，収入を得たい。
　　　　　　　　　　　　　　　　　　　　　4人

・できるだけ，働きたくない。
　好きなことをやっていたい。　　　　　　　2人

**【働く目的】**（Q：人は何のために働くのだと思いますか？）

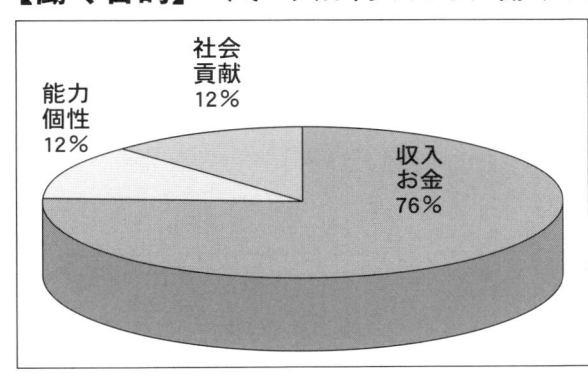

(円グラフ：収入お金 76％／能力個性 12％／社会貢献 12％)

A：生活していくのに必要な
　　収入（お金）を得るため。　　　　　　25人

B：有名になるため，
　　地位や名誉を手に入れるため。　　　　0人

C：自分の能力や個性，
　　得意分野を生かすため。　　　　　　　4人

D：社会の一員として，社会に貢献
　　したり，人の役に立つため。　　　　　4人

## 「心のノート」から

私たちはいずれ働いてお金を得なければならない
お金を稼がないことには生きていけないからである
しかし　働くとはそのことだけが目的なのだろうか
だとしたら　なんとつまらないことだろう
もちろん収入を得ることは重要なのだろうけど
働くということは
そこに責任があり　やりがいがあり　楽しみがあり
何よりも満足がある
それは自分や　自分の大切な人を支えるという満足
世の中の役に立っているという満足
そんな満たされる仕事を　私も見つけたいと思う

## 【自分の考えをまとめよう！】

『働くために』大切なこと？

『働く』とはどういうことか？

キャリアの視点に基づく授業実践例：小学校低学年学級活動

1 題材名　スマイル　あいさつめいじんになろう

2 題材の目標
　・気持ちのよい挨拶の仕方を理解し，進んで挨拶しようとする態度を育成する。
　・挨拶のよさを感じ，挨拶を通して互いのコミュニケーション能力を育てる。

3 題材とキャリア教育（社会的・職業的自立に必要な能力）との関わり
　　挨拶はコミュニケーションの基本であり，よりよい人間関係を形成していく上で不可欠なものである。様々な人との関わりの第一歩として，進んで挨拶できる実践力をつけることは今後の生活で重要である。また，挨拶は他教科・領域とも非常に関連の深い内容である。学級活動の時間を，実際に言動に表すことで実践力を身に付けていく機会と捉えて，課題に対して積極的に取り組むとともに，家庭との連携を密にしながら，日常体験の中でもくり返し指導することで実践への意欲を高めていきたい。

4 全体計画（事前・事後指導を含め，全3時間）

| 時 | 主な学習内容 | 評価の観点 | キャリア教育の視点から身に付けさせたい能力 | 指導上の留意点 |
|---|---|---|---|---|
| 1 | ・挨拶アンケートを実施する。<br>・道徳の時間，礼儀（挨拶）の項目について学習する。<br>・児童会の「あいさつ運動」に参加する。 | ・「あいさつ運動」に関心をもつことができる。 | ・上級生の「あいさつ運動」の様子が分かり，興味・関心をもつ力 | ・上級生の挨拶のよさに目を向けさせ，あこがれや尊敬の気持ちをもてやすいようにする。 |
| 2（本時） | ・気持ちのよい挨拶の仕方について考える。<br>・ポイントを意識して挨拶の練習をする。 | ・よい挨拶の仕方について考えることができる。<br>・ポイントに気を付けて挨拶している。 | ・進んで気持ちのよい挨拶をする力 | ・上級生の挨拶のよい点をビデオで見せる。<br>・1年生でもできそうなポイントに絞る。 |
| 3 | ・「あいさつがんばりカード」で自己評価し，帰りの会でがんばりを認め合う。<br>・児童会の「あいさつ運動」に積極的に参加する。<br>・家庭向け挨拶アンケートも実施し，家庭でも挨拶を広げる。 | ・進んで元気に挨拶をしている。<br>・児童会活動に積極的に参加している。<br>・学校に限らず家庭でも挨拶している。 | ・学習したことを生かして実践しようとする力 | ・励ましの言葉かけをしながらがんばりを大いに認め，自信を持たせる。<br>・全校の一員としてがんばっていることを認める。<br>・学年通信で家庭への協力をお願いする。 |

5 本時の学習計画
（1）本時のねらい
　○気持ちのよい挨拶の仕方を考え，進んで元気に挨拶することができる。

（2）本時の展開

| 過程 | 学習活動と内容・発問 | 指導上の配慮事項と評価 | キャリア教育の視点から見た重要なこと |
|---|---|---|---|
| 導入 | 1 自分たちの挨拶について振り返る。<br>　○自分自身を振り返る。<br>2 学習課題をつかむ。<br>「あいさつめいじんになろう！」 | ・「あいさつアンケート」の結果を活用し、意識と実態の差から課題をつかめるようにする。 | ○アンケート結果から、課題を読み取り、挨拶について考える。<br><br>上級生の挨拶のよい点に気付く力 |
| 展開 | 3 上級生の挨拶の様子を見て、気持ちのよい挨拶の仕方について考える。<br><br>あいさつ名人のポイント<br>❶元気な声で<br>❷相手を見て<br>❸自分から先に<br><br>4 ペアやグループで挨拶の練習をする。<br>　○「めいじんのポイント」を意識して互いに練習し合う。<br>5 参観の先生を相手に挨拶の練習をする。<br>　○先生に見てもらって、自分に足りないところを確認する。 | ・児童会の「あいさつ運動」の様子をビデオで見せる。<br><br>・1年生でもできそうな「あいさつ名人」のポイントに絞って提示する。<br><br>・友だち同士でペアを組ませて、互いに話し合うことが出来るように配慮する。<br><br>・「めいじんのポイント」を押さえている子をほめ、足りない子にはその場でアドバイスする。<br><br>○ポイントに気を付けて挨拶している。 | ○自分の良さや個性について、「自分が知らない面」「他者が知らない面」があることに気付く。<br><br><br><br>○挨拶の練習を通して、互いのよさを認め合い、自分の取組への自信を深め、実践意欲が高まる。<br><br>○「めいじんのポイント」を意識しながら挨拶練習をすることで、挨拶の大切さに気付く。<br><br>進んで気持ちのよい挨拶をする力 |
| まとめ | 6 学習を振り返り、今後がんばりたいことをカードに書く。<br>　○あいさつ運動を家庭生活にも広げていく。 | ・がんばりたいことを書きやすいようにカードを工夫する。<br>・一人ひとりのがんばりたいことを認め、励ます。<br><br>○よい挨拶の仕方について、考えることができる。 | ○自分のよさをさらに伸ばしたり、課題を見つけて積極的に解決しようという気持ちが高まる。<br><br>学習し、習得した「めいじんのポイント」を今後の生活に生かそうとしていく力 |

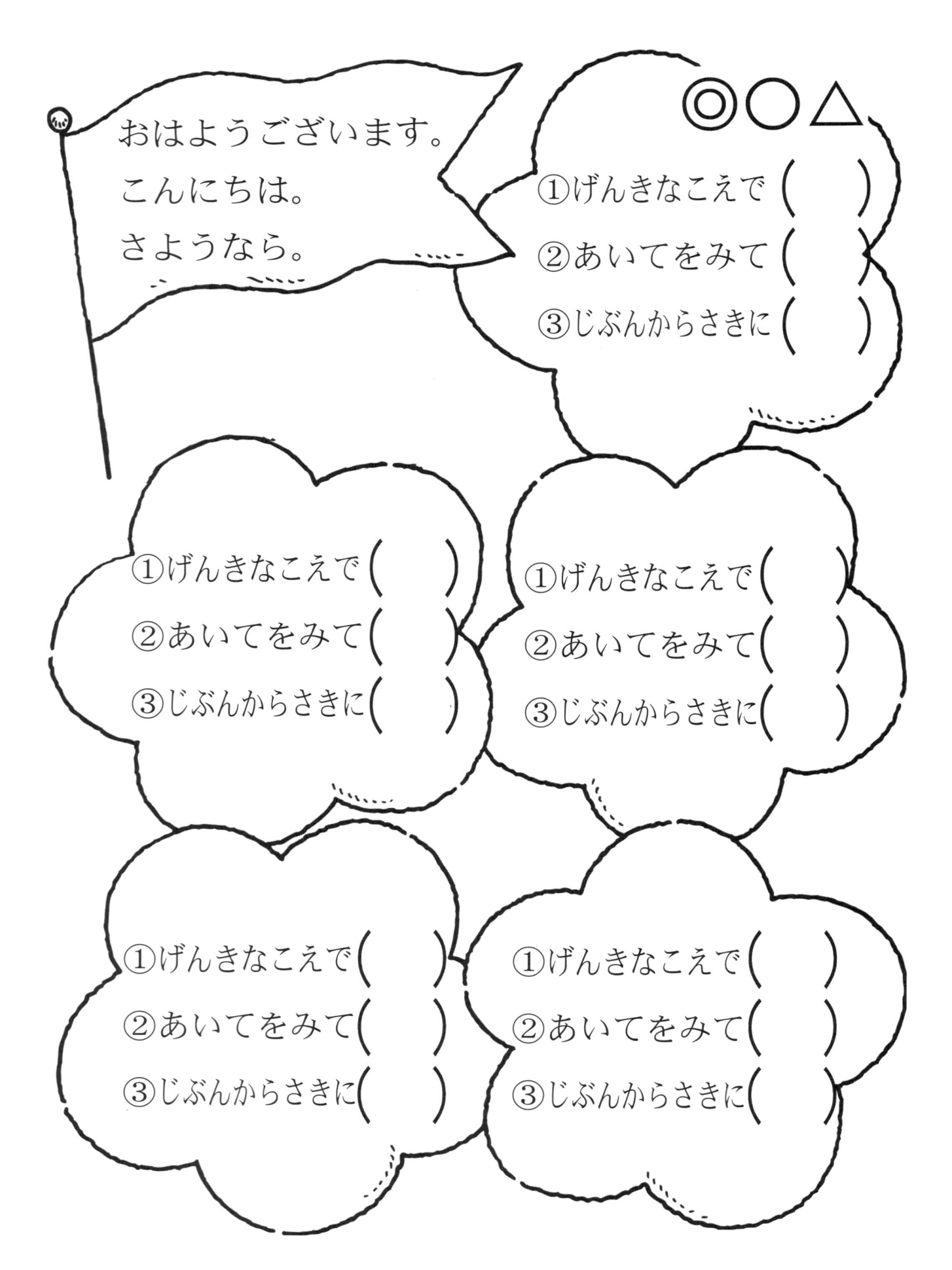

おはようございます。
こんにちは。
さようなら。

◎ ○ △

① げんきなこえで（　）
② あいてをみて（　）
③ じぶんからさきに（　）

① げんきなこえで（　）
② あいてをみて（　）
③ じぶんからさきに（　）

① げんきなこえで（　）
② あいてをみて（　）
③ じぶんからさきに（　）

① げんきなこえで（　）
② あいてをみて（　）
③ じぶんからさきに（　）

① げんきなこえで（　）
② あいてをみて（　）
③ じぶんからさきに（　）

# スマイル あいさつめいじんになろう

なまえ

これから がんばる ポイント は？

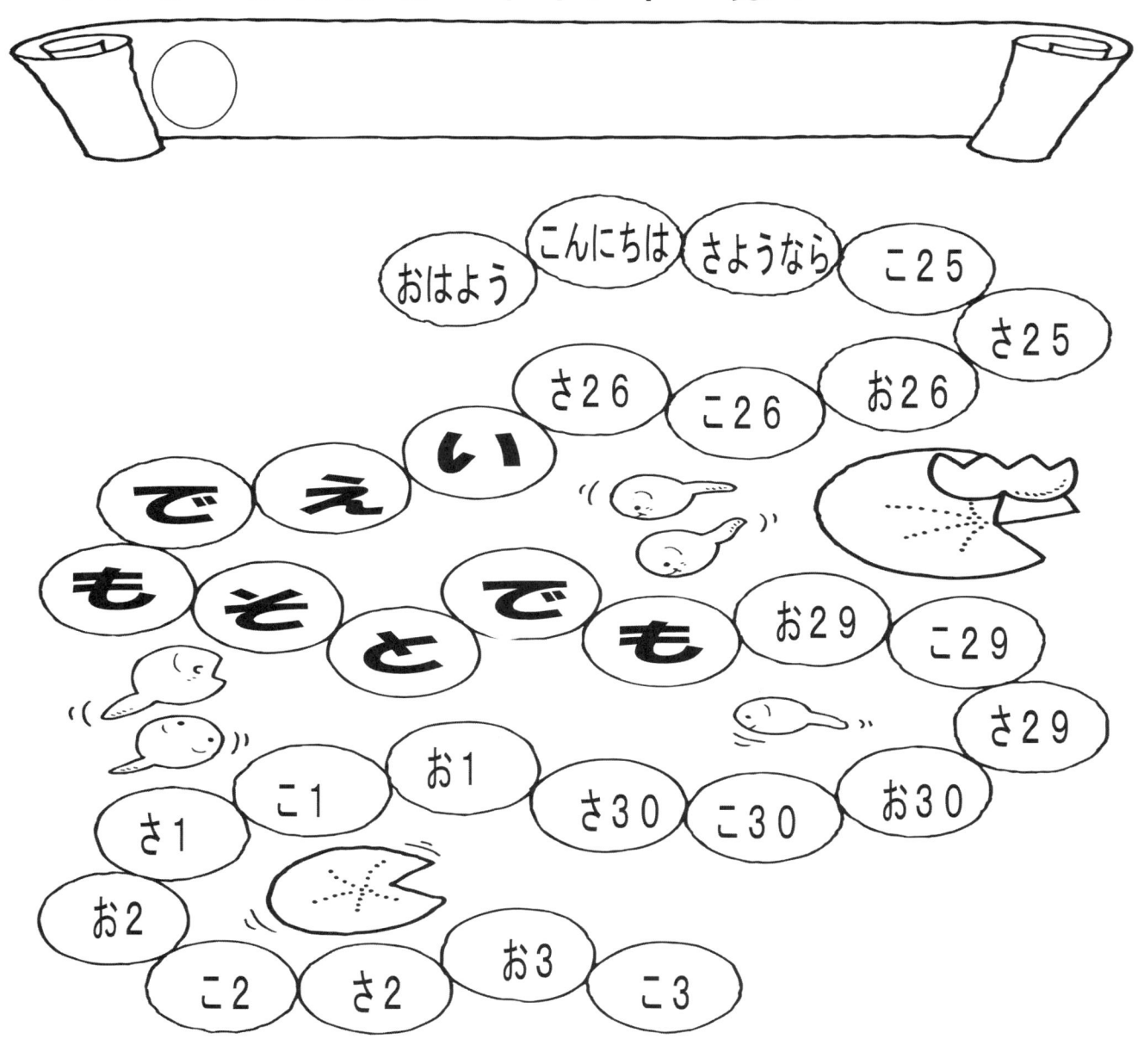

おはよう　こんにちは　さようなら　こ25
さ25
さ26　こ26　お26
で　え　い
も　そ　と　で　も　お29　こ29
さ29
お1　さ30　こ30　お30
さ1　こ1
お2
こ2　さ2　お3　こ3

あなたをスマイルあいさつめいじんと みとめます。　　　がつ　　にち

キャリアの視点に基づく授業実践例：小学校中学年学級活動

1　題材名　3組からのとくべつメニュー！～学年集会を成功させよう～

2　題材の目標
- 学年集会の成功に向けて，協力することの楽しさや喜びを味わうように話し合いや準備に積極的に取り組む態度を育成する。
- 計画に従って準備や練習をする過程で，自分の考えを分かりやすく発表したり，友達の意見を真剣に聞いたりして，話し合いを進める力を育てる。

3　題材とキャリア教育（社会的・職業的自立に必要な能力）との関わり
　　月1回の学年集会を各学級で輪番で担当している。本題材はその学年集会を企画運営するものである。子どもたちは自分たちが担当する会を心待ちにしており，自主的自発的な活動が期待できる。また，学級全体で計画し実践することで，協力して物事を成し遂げる喜びを味わい，友達のよさを発見し認めたり，自分の持ち味や役割を自覚することもできる。

4　全体計画（事前事後指導を含め　全5時間）

| 時 | 主な学習内容 | 評価の観点 | キャリア教育の視点から身に付けさせたい能力 | 指導上の留意点 |
|---|---|---|---|---|
| 1 | ・学年集会のテーマや内容について自分の考えをまとめる。 | ・集会の意義を踏まえて，テーマや内容を考えることができる。 | ・学年集会を立案する力 | ・これまでの学年集会を提示し，集会のおおまかな流れについて確認する。<br>・自分なりの考えを事前に意見カードに記入させる。 |
| 2～4＋朝の時間（本時3） | ・テーマや内容について話し合う。 | ・自分の考えを発表したり友達の意見を聞いたりして，話し合いを進めることができる。 | ・相手の意見を聞いて自分の意見を正確に伝えることができる力<br>・友達の意見を自分の考えに結び付ける力 | ・意見カードをもとにして話し合うことを促す。<br>・話し合いをスムーズに進められるように司会や発表の仕方の手引きを準備しておく。 |
| | ・役割を決め，準備や練習をする。 | ・自分の役割を自覚して，熱心に準備や練習に取り組むことができる。 | ・自分の役割を理解する力<br>・主体的に自分の役割に取り組む力 | ・自主的な取組を賞賛し，意欲を高める。 |
| | ・リハーサルをし，アドバイスを出し合う。 | ・自分の役割を果たすことができる。<br>・友達にアドバイスをすることができる。 | ・友達のよさを見つけることができる力<br>・よりよい集会にするという視点からアドバイスできる力 | ・よりよいアドバイスを引き出すため，目的や意義を振り返る時間を設ける。 |
| 5 | ・学年集会をする。<br>・振り返りをする。 | ・楽しい集会ができるように積極的に協力しながら自分の役割を果たしている。 | ・楽しい集会に向けて友達と協力する力<br>・達成感を味わい，次の活動への意欲をもつことができる力 | ・楽しみながら取り組めるように，励ます。<br>・達成した喜びを味わえるように，それぞれの頑張りを互いに讃え合う場を設ける。 |

5　本時の学習計画
（1）本時のねらい
　○みんなが楽しめるような学年集会の内容について，自分の考えを分かりやすく発表したり，友達の意見を真剣に聞いたりして，話し合うことができる。

（2）本時の展開

| 過程 | 学習活動と内容・発問 | 指導上の配慮事項と評価 | キャリア教育の視点から見た重要なこと |
|---|---|---|---|
| 導入 | 1　本時のめあてや話し合いの進め方を確かめる。 | ・内容を決めることや話し合いの仕方を学ぶことをねらいとしていることを確かめる。 | |
| 展開 | 2　学級会を開く。<br>〇内容について話し合う。<br>　・クイズを出題<br>　・リコーダー演奏<br>　・節電についての提案<br>　・みんなでゲーム<br>〇賛成・反対意見を出す。<br>　・3組だけでなく，学年全体が楽しくなるような〇〇〇に賛成です。<br>　・提案だけの一方通行にならないように，〇〇〇も付け加えたらいいと思います。<br>　・安全でみんなが楽しめるゲームがいいと思います。<br>〇まとめる。<br><br><br><br>〇決まったことを確認する。 | ・司会グループが自信をもって進められるように，事前に打合わせをしておく。<br>・理由を明らかにしながら発表できるように，発表の手引きを準備する。<br>・よく考えた上で発言できるように，進行状況を見ながら，意見カードに書き込む時間やグループで話し合う時間を設ける。<br><br>〇友達の意見をよく聞き比べたり参考にしたりして自分の意見を発表することができる。<br><br><br>・意見を絞り込むことができるように，集会の意義やねらいなどのポイントを提示する。<br>・多数決を急ぐのではなく，今までの意見を参考にしてふさわしい内容を選べるように助言する。 | 〇楽しい集会にするために内容についていろいろな意見や考え方があることを理解する。<br><br><br>〇友達の意見を聞いて理解するとともに，自分の考えと比較し，よりよい意見になるように考える。<br><br>多様な他者の考えを理解し，相手の意見を聞いて自分の考えを正確に伝えることができる力<br><br><br><br><br>〇集会の意義やねらいを考えて内容を決定しようとする意識をもつ。<br><br>友達の意見を自分の考えに結び付ける力 |
| まとめ | 3　本時のめあてを振り返るとともに，次時の活動を確認する。 | ・自分と異なる意見に決まっても，気持ちよく協力するように励ます。<br>・学年集会への意欲や期待が高まるような声かけをする。 | 〇決まったことについてみんなで協力して取り組もうとする気持ちが高まる。<br><br>自分が「意義を感じること」「したいこと」について「やればできる」と考えて行動するとともに，自らの思考や感情を律し，研さんする力 |

3組からの特別メニュー！～学年集会を成功させよう

## 意見カード①

3年　組　名前＿＿＿＿＿＿＿＿＿＿＿＿＿＿＿

学級会の時間に，学年集会について話し合います。
話し合う内容は，次の2つです。
(1)学年集会のテーマ
(2)学年集会の内容

(1) 学年集会のテーマについて
　①自分の考えを書いてみましょう。

（理由）

②友達の意見を聞いて，参考になったことをメモしてみましょう。

③話し合いの中で，友達の意見を聞いて考えた自分のテーマを書いてみましょう。

3組からの特別メニュー！～学年集会を成功させよう

## 意見カード②

3年　　組　名前＿＿＿＿＿＿＿＿＿＿＿＿

◎学年集会のテーマ

[　　　　　　　　　　　　　　　　　　　　　　　　　　　]

(1) 学年集会でやりたいことを書きましょう。

[　　　　　　　　　　　　　　　　　　　　　　　　　　　]

(2) 学級会で決まった，「学年集会でやること」を書いておきましょう。

[　　　　　　　　　　　　　　　　　　　　　　　　　　　]

③ 学年集会やそのじゅんびで，これから自分ががんばろうと思っていることを書きましょう。

----------------------------------------

----------------------------------------

**キャリアの視点に基づく授業実践例：小学校高学年学級活動**

1　題材名　もうすぐ中学生！

2　題材の目標
- 中学校生活に対する不安や悩みを解消し，中学校生活についての理解を深め，新しい生活に向けた期待や希望をふくらませることで中学校生活への意欲を高める。
- 今までの生活を振り返り，自分の伸ばしたいところや課題となるところに気付き，中学校進学に対する目標をもって生活しようとする態度を育成する。

3　題材とキャリア教育（社会的・職業的自立に必要な能力）との関わり
　中学への進学を数か月後に控えた児童にとって，中学の体験入学や中学生へのインタビュー，中学校の先生による出前授業などは，中学校生活に関する不安や心配を解決し，円滑な中学校生活への適応を図るためにも大切な経験である。また，進路設計の実現を目指して，残りの小学校生活に目標をもって過ごすことは，中学校生活への期待や希望をふくらませ，新しい生活に対する意欲付けを図ることにもつながる。

4　全体計画（事前・事後指導を含め，全5時間）

| 時 | 主な学習内容 | 評価の観点 | キャリア教育の視点から身に付けさせたい能力 | 指導上の留意点 |
|---|---|---|---|---|
| 1〜3 | ・中学校生活についてのアンケートを書くことで，疑問に思っていることや不安なことを見付ける。(1)<br>・中学校の体験入学をする。(2) | ・体験入学や中学生へのインタビューを通して，中学校生活についての必要な情報を探すことができる。<br>・中学校生活について，気付いたことや分かったことを自分でまとめることができる。 | ・中学校生活への疑問や不安について，解決策の情報を集め検討する力 | ・中学校生活について疑問に思っていることや不安なことを明確にすることで，中学校の体験入学の必要性につなげる。<br>・体験入学の時，中学生にインタビューへの協力を仰ぐ。<br>・体験入学の様子をメモに書き留めるよう助言する。 |
| 4（本時） | ・体験入学を想起して，中学校の生活の様子を話し合い，どんな中学生になりたいのかを考える。<br>・中学生へ向けての自己目標を決める。 | ・中学校生活の様子についてまとめたことを話し合い，中学生の自分について考えることができる。<br>・自分のなりたい中学生の実現へ向けての目標（今，しなければならないこと）を決めることができる。 | ・中学生になった自分を考え，中学校への進学を現実的にとらえる力<br>・中学校生活に向かって現在の課題に気付き，その課題解決へ向けた目標を選択する力 | ・体験入学を想起しやすいよう，話し合いの場を設定したりビデオを準備したりしておく。<br>・中学校生活への希望や期待を基に目標を決めるよう助言する。 |
| 5 | ・目標を掲示し，取組の様子を確認しながら，実践する。（実践は随時）<br>・中学校の先生による出前授業を受け，中学校生活への意欲を高める。 | ・中学校までの目標実現に向かって，継続的に実践することができる。<br>・中学校の授業に触れ，中学校生活への夢や希望をもつことができる。 | ・目標実現へ向けて，あきらめずに取り組む力<br>・中学校生活への夢や希望をもち，意欲を高める力 | ・実践意欲の持続へ向けて目標カードに励ましの言葉を書いたり声かけをしたりする。<br>・子どもたちの目標を家庭にも知らせ，家庭と連携を図る。<br>・中学校と連携を図り，中学校の先生の授業を設定する。 |

## 5 本時の学習計画

（1）本時のねらい
　○体験入学やインタビューをもとに中学校生活の様子について話し合い，中学生になった自分を考えることができる。
　○どんな中学生になりたいのか考え，その夢の実現へ向けての目標を決めることができる。

（2）本時の展開

| 過程 | 学習活動と内容・発問 | 指導上の配慮事項と評価 | キャリア教育の視点から見た重要なこと |
|---|---|---|---|
| 導入 | 1　中学校の体験入学やインタビューを思い出し，小学校と比べながら，中学校生活について話し合う。 | ・児童のまとめを中心に話し合いを進め，足りないところは，ビデオなどで補う。<br>・中学校生活をより実感できるように，小学校との違いを考えて話し合うよう助言する。 | ○体験入学の感想やインタビューから，小学校卒業後の進路について関心をもつ。 |
| 展開 | 2　どんな中学生になりたいのか，どんな中学校生活を送りたいのかを話し合う。<br><br>3　本時のめあて<br>　［中学校生活へ向けての目標を決めよう］<br><br>4　中学生になるまでに，これから努力したいことを決め，話し合う。<br>5　話し合いをもとに，残りの小学校生活における自分の目標を決め，カードに書く。 | ・中学校生活に，夢や希望をもてるよう助言する。<br>［○中学生になった自分を考えながら話し合いに参加している。］<br><br><br>・自分の成長のための具体的な目標を立てるよう，助言する。<br>［○どんな中学生になりたいのか考え，その夢の実現へ向けての目標を決めることができる。］ | ○話し合いに積極的に参加することで，中学生になった自分をより具体的にとらえる。<br>［中学生になった自分を考え，中学校への進学について現実的にとらえる力］<br><br>○中学校への進学にあたっての，現在の課題を見つける。<br><br>○中学校への進学にあたって，これからの努力目標を立てる。<br>［現在の課題に気付き，その課題解決へ向けた目標を選択する力］ |
| まとめ | 6　本時の学習を振り返る。<br><br>7　中学校の先生による出前授業についての説明を聞く。 | ・指名して，目標を発表させ，お互いに激励し合う雰囲気をつくる。<br>・出前授業についての意欲付けを図る。<br>・小学生が期待をもって中学生になることができるように中学校との連携を図る。 | ○中学校生活への期待をもつとともに，現在の自分自身の生活態度について見つめ直し，目標をもって生活や学習に取り組もうとする気持ちになる。<br>○中学校の授業内容について理解する。 |

もうすぐ中学生 No.1

6年 ___組  名前

# 中学校生活を想像してみよう

《中学校ってどんなところ？　想像してみよう》

| 小学校と似ているところ | 小学校と違うところ |
| --- | --- |
| | |
| 中学校で楽しみなこと | 中学校で不安なこと |
| | |

《体験入学を終えて》

もうすぐ中学生 No.2

6年 ___ 組　　名前 _____

# 中学生になった自分を想像してみよう

【どんな中学生になりたいかな？】



【中学校でやってみたいことは？】



↓ あこがれの中学生になるために……

【今，がんばること】　〜残りの小学校生活の目標を決めよう〜



〈ふりかえり〉
❀　◎　○

キャリアの視点に基づく授業実践例：中学校1年学級活動

1　題材名　10年後の自分を考えよう

2　題材の目標
・夢や希望をもつことの大切さを知り，他者の夢や希望に共感できるようにする。
・具体的な自分の将来像を考えることにより，将来の生き方に関する意識を高める。

3　題材とキャリア教育（社会的・職業的自立に必要な能力）との関わり

　生徒たちは，職業調べや職場訪問などの活動を通じて，社会の様々な職業についての視野を広げていくが，その学習の根本にあるのは将来こうなりたい，という夢や希望をもち，それを達成したいという意欲である。

　近年，雇用の状況は厳しさを増している一方，他者に依存しがちで自分で意思決定できない若者も多く，両者が相まって将来に希望をもつことができない若者の増加が指摘されている。将来に対して夢や希望をもち，それを実現させるために努力しようとする能力を育成することがますます必要となってきている。

4　全体計画（事前・事後指導を含め，全2時間）

| 時 | 主な学習内容 | 評価の観点 | キャリア教育の視点から身に付けさせたい能力 | 指導上の留意点 |
|---|---|---|---|---|
| 1 | ・先輩から中学時代の夢や現在に至る経緯を聞き，感想を発表する。<br>・自分の将来の夢についてシートに記入する。 | ・夢や希望を抱くことの大切さに気付き，自分の将来について真剣に考えることができる。 | ・他者の考えを自分の考えに結び付ける力<br><br>・将来の夢や希望を思い描く力 | ・先輩の事例は夢と現実が一致した例，相違した例，途上の例など複数準備する。<br>・「夢」が職業に限らず，姿や目標でもよいことを助言する。 |
| 2（本時） | ・10年後の自分の姿を考える。<br>・友達の考えを聞いて，今後の努力目標を立てる。 | ・自分の将来を考え，それに向かう目標を立てることができる。 | ・友達の発表を自分の考えに結び付ける力<br><br>・将来のために自分の生活を見つめ直し，前向きに考える力 | ・考えをまとめやすいように学習シートを作成する。<br>・夢の実現には，当面の目標を立てて努力することが必要だということに気付かせる。 |

5　本時の学習計画
（1）本時のねらい
　〇自分の将来について具体的に考えることができる。
　〇他者の意見も取り入れ，今後の努力目標を立てることができる。

（2）本時の展開

| 過程 | 学習活動と内容・発問 | 指導上の配慮事項と評価 | キャリア教育の視点から見た重要なこと |
|---|---|---|---|
| 導入 | 1 前時の活動内容について振り返る。○将来の夢についての集計結果を見て感じたことを述べ合う。 | ・集計結果を示すことにより，具体的になりたい職業が書けなかった生徒の参考になるようにする。 | ○友達が様々な将来像や夢をもっていることに気付く。 |
| 展開 | 2 10年後の自分の姿を考える。 | ・夢という大きな捉え方から10年後という具体的な年数を提示し，細かい姿を想像させる。○自分の将来について具体的に考えることができる。 | ○様々な例を基に，前向きに将来像を描くことができる。 自己を理解し，前向きに考える力 |
| | 3 班で発表して，感想を話し合う。 | | ○様々な価値観があることに気付く。 他者の個性を理解する力 |
| まとめ | 4 友達の発表・感想を聞いて感じたことをまとめる。 | ・自分を見つめ直すために友達の感想や発表を生かすよう助言する。 | ○友達の発表と自分の考えを比較する。 他者の考えを受け入れ，自分に置き換えて考える力 |
| | 5 自分の10年後の姿を実現させるための努力目標を立て，発表する。 | ・努力目標作成のためのポイントを準備し，示す。○他者の意見も取り入れ，自分の課題を見つけて努力目標を立てることができる。 | ○10年後に向けて，当面の自分の努力目標を立てる。 将来に向けて努力しようとする気持ちと実現するための目標を立案する力 |

_____年___組___番 氏名_____

# 10年後の自分を考えよう

1. あなたはどんな夢をもっていますか。（なりたい職業，理想の生き方など）

2. 先輩の話を聞いて，感じたことをまとめよう。

|   | 現在の職業 | 中学時代の夢 | 中学校卒業後の進路 | お話を聞いて感じたこと |
|---|---|---|---|---|
| ① |   |   |   |   |
| ② |   |   |   |   |
| ③ |   |   |   |   |

_____年_____組_____番 氏名_____

# 10年後のわたし

1. 10年後のあなたはどんな生き方をしているでしょうか。想像してみましょう。

| 質問 | 考えるヒント | あなたの想像 |
|---|---|---|
| ○何をしていますか？ | 学生？就職？職業は？ | |
| ○どこに住んでいますか？ | 日本？外国？都会？地方？ | |
| ○家族はいますか？ | 結婚？子どもがいる？親と同居？ひとり暮らし？ | |
| ○今、一番興味をもっているものは何ですか？ | スポーツ？趣味？仕事？家族？ | |
| ○自動車・バイクの免許や何かの資格は持っていますか？ | どうして免許・資格を持っている？ | |
| ○毎日は楽しいですか？ | 何が楽しい？ | |

2. 想像した10年後の自分の姿について、班のメンバーはどんな感想を話してくれましたか？

| さん | |
|---|---|
| さん | |
| さん | |

3. 友達の10年後の姿を聞いて、どう思いましたか。

4. 自分の「夢」をかなえるためにはこれから何をがんばっていこうと思いますか？

キャリアの視点に基づく授業実践例：中学校2年学級活動

1　題材名　中学校生活のまんなかで

2　題材の目標
・中学校生活の折り返しとなる2学期に自分や学級生活を振り返り，見つめ直すことができる。
・中学校生活を充実させるための具体的方策や肯定的態度をもつことができる。

3　題材とキャリア教育（社会的・職業的自立に必要な能力）との関わり
　学級の活動が効果的に行われるためには，生徒が学級の一員としての自覚をもち，学級の様子や課題を客観的にとらえることが大切である。そして，互いの個性を尊重し合い，個々の考えを生かして問題解決を図ることで，所属感や自己有用感を生み出すことにもなる。あわせて，よりよい学級の姿を全体で共有し，話し合い活動をもとに具体的方策を立て，協力して実践する能力を身に付けることも重要である。

4　全体計画　（事前・事後指導を含め，全3時間）

| 時 | 主な学習内容 | 評価の観点 | キャリア教育の視点から身に付けさせたい能力 | 指導上の留意点 |
|---|---|---|---|---|
| 放課後 | ・後期を迎えるにあたって，学級や個人のあるべき姿をプロ委で話し合う。 | | | ・自分たちの問題として捉えることができるように，プロ委中心に活動を進めていく。 |
| 1 | ・プロ委で話し合ったことを全体に提示する。<br>・「振り返りアンケート」の実施 | ・学級で解決すべき諸問題について，共通の問題意識をもつことができる。 | ・学級の一員として，学級のよりよい姿を客観的にとらえる力 | ・学級の向上につながる問題点をプロ委が取り上げ，問題意識を全員で共有化できる場を設定する。 |
| 放課後 | ・議題の設定，役割分担や話し合いの内容，会の進行などの打合せを行う。 | | | ・課題の設定や話し合いの手順など，学級会の活動計画をプロ委を使って作成させる。 |
| 2（本時） | ・学級や学校生活をより充実させるために，集団として実践する目標や方法を決める。 | ・学級や自己の向上・改善のための目標や方策をもつことができる。 | ・学級の一員としての自覚をもつとともに，自分の言動が全体に及ぼす影響について理解する力 | ・学級がより向上する方策を考えやすくするために，否定的な反省だけでなく，肯定的な部分も取り上げる。 |
| 3 | ・学級で決定したことを基に，役割を分担し，具体的方策を話し合う。 | ・具体的方策を考え，話し合い，解決しようとする態度をもつことができる。 | ・学級がより向上する上での問題点に直面し，具体的な解決法を模索する力 | ・集団決定したことを基に，役割ごとに目標実現のための具体的方策を話し合い，考えさせる。 |

※プロ委……プログラム委員

## 5　本時の学習計画

（1）本時のねらい
　○自分や学級生活を振り返り，見つめ直すことができる。
　○学級を充実させるための目標や方策をもつことができる。

（2）本時の展開

| 過程 | 学習活動と内容・発問 | 指導上の配慮事項と評価 | キャリア教育の視点から見た重要なこと |
|---|---|---|---|
| 導入 | 1　学習内容を確認する。<br>　○プロ委の司会で本時の学習の流れを確認する。 | ・中学校生活の折り返し点であることを意識させ，学校生活の過ごし方を考える必要があることに気付かせる。 | ○サブリーダーとしての2学期が，今後の学校生活で大切であることに気付かせる。<br>集団への所属を自覚する力 |
| 展開 | 2　学級の課題について考える。<br>　○今までの自分や学級の生活について振り返り，発表する。 | ・否定的な部分や個人の反省のみにならないよう，肯定的な部分も取り上げるように配慮する。<br>・方策を考えやすくするために，黒板に改善のキーワードを書いて掲示する。 | ○学級が抱える長所や短所でこれまで気付かずにいた点や，気になっていてもそのまま生活していた点について改めて考える。<br>集団を客観的にとらえる力<br>全体に配慮して，自分の考えを伝える力 |
| 展開 | 3　学級の課題を絞り込む。<br>　○アンケートの結果を参考に，今改善するべき点について，班ごとに話し合う。<br>4　学級を向上させる方策を考える。<br>　○話し合いの結果を参考にして，改善の方策を考え，発表する。 | ・事前に学級生活の状況や自分の生活についてのアンケートを実施する。<br>・学習，生活についての教師のアドバイスを紹介する。<br>学級の課題について，意欲的に考え，発表することができる。 | ○現在，学級が抱える問題点について気付き，重点を絞り込む。<br>望むべき学級の姿に向かう上での現実の問題を見つめる力<br>○学級をよりよくするための具体的な方法を考える。<br>改善の方法を考える力 |
| まとめ | 5　これから学級で取り組む目標をまとめる。<br>　○生活面や学習面など，具体的な柱を絞って学級の目標をまとめる。 | ・まとめがスムーズに行えるように，教師の司会とする。<br>学級生活の向上・改善を図る目標と方策を立てることができる。 | ○学級全体で取り組む目標を考え，向上しようとする態度を育てる。<br>学級全体が向上できる方向を見据え，改善の方策を考える力 |

## 前学期　振り返りアンケート

2年　　組　名前（　　　　　　　　　）

後学期の学級生活をよりよくするためにアンケートにご協力してください。
現在のクラスやあなたの生活をふり返りましょう。

| 項　　目 | 改善必要度 | とくに気になる点・改善策など |
|---|---|---|
| 清掃活動 | 1－2－3－4－5 | |
| 給食準備・かたづけ | 1－2－3－4－5 | |
| きまりを守る | 1－2－3－4－5 | |
| 協力性 | 1－2－3－4－5 | |
| 責任感 | 1－2－3－4－5 | |
| 人間関係 | 1－2－3－4－5 | |
| 話合い | 1－2－3－4－5 | |
| 教室のきれいさ | 1－2－3－4－5 | |
| ベル着 | 1－2－3－4－5 | |
| 忘れ物 | 1－2－3－4－5 | |
| 授業の集中 | 1－2－3－4－5 | |
| 宿題・提出物 | 1－2－3－4－5 | |
| 学校行事への取り組み | 1－2－3－4－5 | |
| 生徒会活動 | 1－2－3－4－5 | |
| 部活動 | 1－2－3－4－5 | |

1～改善が少ない　5～もっとも改善必要

あなたが「自分自身が改善したい」と考えていることがあったら書いてください。

| | 生　活　面 | 学　習　面 |
|---|---|---|
| 問題 | | |
| 改善策 | | |

# クラス改善＆向上作戦！！【調査結果】先生編

以下は先生方にアンケートをとった結果です。

| 教科 | 学級のいいところ | ここが改善できれば… |
|---|---|---|
| 国語 | ・先入観をもたないで何にでも取り組む<br>・積極性がある<br>・遠慮しないで言い合える関係の人が多い<br>・個性を認める雰囲気がある<br>・反応が早い | ・けじめがない（切り替えが遅い）<br>・いきおいはあるが雑<br>・「おもしろくなくてはいけないのか」と思うことがある（不安に思う） |
| 数学 | ・先生の話をよく聞いてマジメに取り組む生徒が多い<br>・分かった，分からないをはっきり言ってくれるので，教え甲斐がある<br>・生徒同士が教え合う姿が見られてよい | ・自分はできるから聞かなくてもいいやと思っている人が多いと思う |
| 英語 | ・明るく元気なところが２年生の強みだと思う<br>・何にでも積極的に前向きに行動できることがすばらしい | ・メリハリがつけられないときがある（聞くときは聞く，話すときは話す）<br>・コツコツとがんばっている人も活躍できるようにすればもっといいかも |
| 理科 | ・リーダーが全体を考え，仕事をしているところ<br>・前向きでマジメ，これは何にでも勝る力だと思っています | ・全体で発言できる人，ものがいえる人，先に立ってやれる人に周りが任せてしまっている |
| 社会 | ・元気・活気にあふれているところ<br>・一人一人が素直で優しい気持ちの生徒です | ・社会は理解することが大事！そこを本気になってがんばっていない人が多いと思う |
| 体育 | ・挨拶も大きな声ででき，授業中も元気よく，テキパキと動いていてよい | ・２年生になって服装が少しだけ変わってきた（微妙に） |
| 家庭 | ・反応がよい<br>・話を聞く姿勢がよい | ・人に頼らず，最後まで自分の力でやろうとする気持ち<br>・「がんばろう」という気迫 |
| 技術 | ・元気で明るい<br>・物おじしない | ・よく考えない発言が多い |
| 音楽 | ・反応がよい<br>・話す人を見て話を聞いている | ・みんなが頑張るべきときに一部…隠れてサボっていたり，人任せにする<br>・意識改革が必要 |

### 先生方からのアドバイス

・みんなで考え，話し合い，行動してクラスだけでなく学校全体を高めていけるパワーがみんなにはあると思います。
・失敗をおそれずに，とにかく「自分から！」動いてみること。そして頑張れた自分を自分自身で「よく頑張れたね」とほめてあげること。そうすれば「次もやってみよう」と思える自分がそこにいるはずです。学習の力もきっと，もっとついてくると思いますよ。
・理由をあげて説明する，「…だから…です」と話すなど，自分の言葉で発表する力に欠けています。積極的に発言する態度がほしいと思います。
・「分からないこと」は恥ずかしいことではありません。素直になって「努力」した方がその人のためになると思います。

(以下略)

**キャリアの視点に基づく授業実践例：中学校3年学級活動**

1　**題材名**　進路選択の悩みを解決し，進路決定をしよう

2　**題材の目標**
- 進路選択には悩みがつきものであることを理解し，その解決方法を考え，自分の進路実現のために努力することの大切さに気付くことができる。
- 進路を選択するときは，家族，友達，先生に相談したり，助言を求めたり，自分で情報を集めたりする活動を通して，最終的には自分の意思で決定することを理解することができる。

3　**題材とキャリア教育（社会的・職業的自立に必要な能力）との関わり**
　中学校卒業後の進路選択についてはさまざまな悩みや不安が生じる。その解決には正しい自己理解に基づく将来設計，計画を考慮し，解決の道を探り，行動していくことが大切である。その際，家族，友達，先生などと相談し，助言を参考にして最終的には自分で決めるということが必要である。以上のことはキャリア教育の自己理解・自己管理能力，キャリアプランニング能力の育成につながることになる。

4　**全体計画（事前・事後指導を含め，全3時間）**

| 時 | 主な学習内容 | 評価の観点 | キャリア教育の視点から身に付けさせたい能力 | 指導上の留意点 |
|---|---|---|---|---|
| 1 | ・職場訪問学習でインタビューした内容を発表する。<br>・大人たちの進路選択のポイントを把握する。 | ・先輩である大人たちは進路選択についてどのような悩みをもち，それを克服してきたのか理解することができる。 | ・友達の発表を自分の考えに結び付ける力 | ・先輩である大人も進路を選択するときに悩みがあり，それを克服してきたことに気付かせる。 |
| 2（本時） | ・進路選択にはどんな悩みがあるのかを知り，その解決方法を考える。<br>・進路選択にあたり，心構えについて自分なりの考えをもつ。 | ・進路選択の悩みについて理解し，解決方法を真剣に考えることができる。<br>・適切な進路選択について理解することができる。 | ・前時までの学習や得た情報をもとに適切に課題を解決できる力<br>・適切な進路選択を理解することで適切な進路決定できる力 | ・アンケートをとり，進路選択の悩みの解決方法についてグループで考えさせる。<br>・悩みを解決し，前向きに行動することの大切さに気付かせる。 |
| 3 | ・自分の進路選択についてチェックシートを利用して適切か判断する。<br>・望ましい進路選択にするためグループで考え，話し合う。<br>・適切な進路選択のために何が必要なのかを理解する。 | ・自分の進路選択は今までの学習をもとに適切なものなのか判断できる。<br>・適切な進路選択のためにどのように考えればよいのか，どのような努力が必要なのか理解できる。 | ・自己を冷静に判断し，課題を把握できる力<br>・課題を克服するためにどのようなことをすればよいのか前向きに考える力<br>・自分の将来を見据えた進路計画を立てる力 | ・自分の進路選択が適切なものかチェックシートを利用し，判断させる。<br>・進路選択の課題について考えることにより，希望をもって自分の進路に向かうようにする。 |

## 5　本時の学習計画

（1）本時のねらい
　○自分たちの進路選択の悩みはどんなものがあるのかを理解し，その悩みを共有し，解決方法を考えることができる。
　○進路選択についてどのように考え，努力していけばよいのかを理解することができる。

（2）本時の展開

| 過程 | 学習活動と内容・発問 | 指導上の配慮事項と評価 | キャリア教育の視点から見た重要なこと |
|---|---|---|---|
| 導入 | 1　個人の進路選択の悩みについてアンケート結果を聞き，理解する。<br>　○友達の進路選択の悩みを理解し，共感する。 | ・事前に進路選択の悩みについてアンケートをとり，まとめていく。<br>・悩みとして，将来性，学力，通学距離，経済状況，家族の考えなど多面的に取り上げ，悩みが様々であることに気付かせる。 | ○アンケート結果から友達の進路選択の悩みを理解し，悩みを共有する。<br>　アンケート結果を読み取り，自分なりに考える力 |
| 展開 | 2　進路選択の悩みについてグループで話し合い，解決方法を考える。<br>　○学習シートを使い，話し合いの内容をまとめる。<br>3　全体でグループごとに悩みの解決方法を発表し，質疑応答し，よりよい解決方法を探る。 | ・アンケートで多くの生徒が悩みにあげている項目を共通課題として話し合わせる。さらにグループごとに話し合う項目を分けて話し合わせる。<br>○進路選択の悩みを自分のものとしてとらえ，真剣に考え，解決方法を考えている。 | ○進路選択の悩みについて，話し合いに積極的に参加し，解決しようとする。<br>　課題の解決について友達の考えも参考にし，尊重し，協力していく力<br><br>　課題に対して今までの学習を基にして適切に処理する力 |
| まとめ | 4　本時の学習や，前時の大人の進路選択時の悩みの解決方法について学習したことを参考に，進路選択で大切なことは何かを考え，発表する。 | ・進路選択についていろいろな悩みや不安があるが，解決策があり，乗り越えていけるものだと気付かせる。<br>・悩みや不安を解決するために努力し，前向きに生活することの大切さに気付かせる。<br>○適切な進路選択をするための考え方と今後の行動の仕方について理解している。 | ○進路選択についてさまざまな悩みや不安があるが，それを克服し，自分の将来について希望をもって実現しようとする気持ちが高まる。<br>　進路選択の悩みを解決し，将来の進路について計画を立て主体的に取り組む力 |

# 進路選択の悩みを解決しよう

　　　　　　　　　　　　　　　　年　　組　　番　氏名

## アンケート

◎入学試験や就職試験を控えてストレスを感じている人も多いのではないでしょうか。みんなが感じている悩みを出し合って，その解決方法を考えていきましょう。

### 1　進路希望

| 希望の職種 | 第1希望 | | 希望の上級学校 | 第1希望 | |
|---|---|---|---|---|---|
| | 第2希望 | | | 第2希望 | |

### 2　進路の悩みについてあてはまる項目にチェックしてみましょう。

| | |
|---|---|
| ①□志望校に合格できるか不安でしかたがない | ⑧□仲のよい友達と希望校が違う |
| ②□受験勉強がはかどらない | ⑨□保護者や先生と意見が合わない |
| ③□学習意欲がわかない | ⑩□自分の能力や適性に進学先が合うか心配 |
| ④□進学の理由に迷いが生じている | ⑪□合格したら先輩とうまくやっていけるか不安 |
| ⑤□就職の理由に迷いが生じている | ⑫□親身に相談に乗ってくれる人がいない |
| ⑥□進学の希望校に迷いが生じている | ⑬□希望する進学先の学費が高い |
| ⑦□就職の希望先に迷いが生じている | ⑭□希望する進路に関する情報が少ない |

### 3　上記の項目以外で自分が感じている悩みを書いてみましょう。

# 進路選択の悩みを解決しよう

( 　月　　日)

_____年___組___番 氏名_____

1 アンケート結果から，進路選択の悩みで共感を覚えるのはどんなことですか。

 

2 様々な悩みの中から，特に多かったものについて，その解決方法について考えてみましょう。

| グループの話し合いの結果 | 他のグループの意見から |
| --- | --- |
|  |  |
|  |  |
|  |  |

3 進路の悩みを解決するために大切なことはどんなことか考えてみましょう。

 

4 今日の活動を通して感じたことや，これから自分の姿勢について考えたことを書いてみよう。

 

**キャリア教育の視点に基づく授業実践例：小学校6年総合的な学習の時間**

1　単元名　能代工業バスケット部はなぜ強い！
　　　～夢に向かってひたむきに努力する姿に触れよう～

2　単元のねらい
- 身近に素晴らしい業績をあげている人々がいることを知り，その努力や工夫，ひたむきな気持ちの素晴らしさに気付くことができる。
- 夢をもつことの大切さに気付き，自分の夢について考えたり，その夢に向かって目標をもったりすることができる。
- 調べたことや見聞きしたことを分かりやすくまとめ，情報を交換し合うことができる。

3　単元とキャリア教育（社会的・職業的自立に必要な能力）との関わり
　能代工業高等学校は本校の隣にある学校である。その能代工業高校バスケットボール部の活躍は全国的に有名で，バスケットに親しむ子どもたちのあこがれの的である。しかし，本校の子どもたちはその活躍をほとんど知らない。そこで，本活動では能代工業高校バスケットボール部の歴史を調べたり，練習を見学し部員と触れ合ったり，監督の話を聞いたりして，自分の夢に向かってひたむきに努力する姿に触れさせ，強さの秘密について追究させる。そして，それをもとに子どもたち一人ひとりに夢をもつすばらしさに気付かせ，自分の夢は何だろうと考えさせたり，今もっている夢に向かって努力しようとする態度を育てたりすることがねらいであり，キャリア教育推進の観点からも十分価値のある活動と考えられる。

4　全体計画（全30時間）

| 時 | 主な学習内容 | 評価の観点 | キャリア教育の視点から身に付けさせたい能力 | 指導上の留意点 |
|---|---|---|---|---|
| 1～6 | ・能代工業バスケットボール部の歴史について調べ，自己の課題を決定する。 | ・輝かしい歴史に触れてその偉大さに気付き，課題を設定している。 | ・資料を読んだり実物に触れたりして強さを感じ取る力<br>・自ら課題を決定する力 | ・全国大会や能代カップの資料，栄光棚，記念碑等をもとに活躍の様子をつかませる。 |
| 7～18 | ・課題を追究する。（活動例）<br>①練習を見学する。<br>②部員へインタビューをする。<br>③監督のお話を聞く。<br>④本やパソコンなどで調べる。 | ・活動の見通しをもち，計画に沿って情報を収集し，「強さ」の秘密を見つけようとしている。 | ・課題解決のために計画を立て，実践する力<br>・部員や監督にインタビューをしたり，触れ合ったりする力 | ・見学やインタビュー等をするに当たっては，綿密な計画作成と事前学習を行い，依頼の仕方や効果的な学習の仕方を指導する。 |
| 19～30（本時27） | ・調べたことについてまとめ，発表会を開く。<br>・夢や目標，実現のための行動の仕方等について考える。 | ・能代工業バスケットボール部の強さの秘密を知り，夢や目標をもつすばらしさに気付き，自分の夢について考えている。 | ・様々な考え方があることを知り，それを受け入れる力<br>・意見交換し合う中で話し合いを深め，「強さの秘密」に迫る力<br>・学習してきたことを自分の夢や目標に広げる力 | ・まとめ方についていくつかの方法を提示し，選択させる。<br>・調べた活動を自分の夢や生き方につなげて，深く考えることができるような授業展開にする。 |

## 5　本　時（全体計画の27時間目）

（1）本時のめあて
　〇能代工業高校バスケットボール部の強さの秘密を紹介し，「強さ」に迫る話し合い活動を通して，夢をもつことのすばらしさに気付き，夢について考えることができる。

（2）本時の展開

| 過程 | 学習活動と内容・発問 | 指導上の配慮事項と評価 | キャリア教育の視点から見た重要なこと |
|---|---|---|---|
| 導入 | 1　本時のめあてを確認し，学習の流れをつかむ。 | ・発表会の流れについて見通しがもてるように進め方を確認する。 | |
| 展開 | 2　能代工業高校バスケットボール部の強さの秘密を調べて，分かったことをワークショップ形式で発表する。 | ・調べて分かった強さの秘密をキーワードで提示し，次の話し合い活動に生かせるようにする。 | ・意見の多様さに付き，自分の見方や考え方を広げる。<br><br>様々な考え方があることに気付き，それを受け入れる力 |
| | 3　強さの秘密についてグループで話し合う。 | ・司会，記録，発表等の役割分担をし，円滑な話し合い活動ができるようにする。<br>・「強さのピラミッド」を提示して，土台になっているものは何かに視点を当てて話し合いをさせる。 | ・意見交換を通して，積極的にコミュニケーションをとることができる。<br><br>意見交換し合う中で話し合いを深め，課題に迫る力 |
| | 4　発表会をもとにして自分の夢や目標について考えたり，見つめ直したりする。 | ・能代工業高校バスケットボール部員へのあこがれや夢をもつすばらしさに改めて気付かせた上で，活動に取り組ませる。 | ・発表を聞き，学習したことを，今後の自分の生活に生かそうとする。<br><br>自分の生活を見直し，新たな夢や目標につなげる力 |
| まとめ | 5　今日の学習の振り返りをする。 | ・他の参考となる感想を紹介しながら本時の頑張りを賞賛し，次時の意欲付けを図る。 | |

### キャリア教育の視点に基づく授業実践例：中学校2年総合的な学習の時間

1 **単元名** 充実した生き方を探る

2 **単元のねらい**
- 職場体験の報告会やパネルディスカッションなど，様々な機会を通して，「充実した生き方」について考え，前向きに自己の生き方を見つめようとしている。
- 職場体験や様々な立場の人の話を聞き，働くことの意義や大切さを理解するとともに，今の学習の必要性や大切さにも気付き，よりよい自己の生き方や生活を考えることができる。
- 様々な学習を通して，将来，自分が就きたい職業や仕事に役立つような情報や自分の生き方にかかわるような情報を収集・活用し，「充実した生き方」について自分の言葉で表現できる。

3 **単元とキャリア教育（社会的・職業的自立に必要な能力）との関わり**

　総合的な学習では，「職場体験」を活動の中心に据え，社会性やコミュニケーション能力を身に付けるとともに，働くことで得られる達成感や苦労を知ることで，生徒の視野を広げ，将来の生き方について考える機会としたい。さらに体験を基にした報告会やパネルディスカッションなどを通し，他者からのより多くの考えに触れる機会を設けることで，キャリア発達を促す様々な能力を養う場面を組み入れながら進めていきたい。

　活動を通して，自分が社会の中で果たす役割に気付き，社会にどう貢献するかということを自分の特性や適性を知りながら考えていく過程は，キャリア教育と深く関わるものである。自分の人生を充実させるには何が必要か，自分の仮説を検証し，より深く考え，目標をもちながら，その実現に向けて意欲的に取り組む態度を育成したい。

4 **全体計画（全30時間）**

| 時 | 主な学習内容 | 評価の観点 | キャリア教育の視点から身に付けさせたい能力 | 指導上の留意点 |
|---|---|---|---|---|
| 1〜6 | ○職場体験学習の計画を立てよう<br>・体験先を探し，連絡して，依頼状を作成する。<br>・質問内容や当日の活動計画を立てる。 | ・自分の適性や特性を踏まえ，体験先を見付けようとしている。<br>・体験に意欲を示し，事前に多くの質問を用意している。 | ・自分の個性を理解する力<br>・課題解決のために計画を立て，実践する力 | ・各自の適性や興味を確認しながら，体験先決定の支援をする。<br>・活動を通して，自分の役割への意識を高めていく。 |
| 7〜24 | ○職場体験を語ろう<br>・職場体験学習を行う。<br>・職場体験報告会を行い，互いの体験を語る。<br>・職場の方にお礼状を出す。<br>・職場体験記録集を出す。 | ・職場体験で学んだことやレポート，他の資料を基に，自分の体験を分かりやすく報告することができる。<br>・他の報告を聞き，自分と異なる考えや意見を参考にして，考えを深めようとしている。 | ・「充実した生き方」について，自分の考えを分かりやすく伝える力<br>・自分の体験を基に，新たな課題に気付く力 | ・体験し，学んだことを分かりやすく伝えることができるよう，報告の内容として必要な項目を示す。<br>・自分自身の体験を振り返りながらまとめられるよう，記録用紙を準備する。 |
| 25〜30（本時27） | ○検証〜私の考える「充実した生き方」とは？<br>・パネルディスカッションを行い，活動を通して学んだことを発表する。<br>・自分の人生設計図を描く。 | ・今までの学習を通して，働くことの意義や様々な職業の社会的役割を理解することができる。<br>・他の意見や発表を聞き，充実した生き方の多様性に気付く。 | ・自分の将来の生き方について，前向きに捉える力<br>・自分の課題を理解して，生活を改善する力<br>・学習してきたことを自分の夢や目標に広げる力 | ・意見を出しやすくするため，生き方に関する事前アンケートを取って，それを提示する。<br>・発表内容を自分の夢や生き方につなげて，深く考えることができるようにする。 |

## 5 本　時（全体計画の27時間目）

（1）本時のめあて
　○パネルディスカッションで他の生徒の意見を聞くことによって，「充実した生き方」の多様性に気付くとともに，自分自身の考えの変化を自覚する。

（2）本時の展開

| 過程 | 学習活動と内容・発問 | 指導上の配慮事項と評価 | キャリア教育の視点から見た重要なこと |
|---|---|---|---|
| 導入 | 1　これまでの学習を振り返る。<br>2　開会の言葉 | ・生徒の司会で進めさせる。 | |
| 展開 | 3　パネルディスカッション<br>〜検証〜私の考える「充実した生き方」とは？<br><br>・パネリストによる討議及びフロアを交えた質問と意見交換<br>❶充実した生き方についてどんな仮説を立てましたか。<br>❷体験を通して得たことは何ですか。<br>❸「充実した生き方」について，どう考えていますか。<br>❹充実した生き方をするために，どんな人でありたいと思いますか。<br>4　感想を発表する。 | ・パネリストの価値観の違いに注目させ，話し合いを焦点化する。<br><br>・パネリストにそれぞれの特徴や違いが表れるよう，報告を工夫させる。<br><br>・質問や意見交換をテーマごとに区切ったり，アンケート結果を提示したりして，フロアとの意見交換が活発になるような環境を作る。<br><br>○充実した生き方の多様性に気付き，自分自身の考えの変化を自覚できる。 | ・意見交換を通して，将来の生き方について積極的に考えることができる。<br><br>自分の将来の生き方について，前向きに捉える力<br><br>・充実した生き方をするために，自分の課題を見出して，今後の自分の生活に生かそうとする。<br><br>自分の課題を理解して，生活を改善する力 |
| まとめ | 5　記入したカードを交換する。<br>6　閉会の言葉 | ・カードを読んで，自分の考えと比較させる。<br>・互いの頑張りを讃え合うようにして，次時の意欲付けを図る。 | ・意見の多様さに気付き，自分の見方や考え方を広げる。<br><br>学習してきたことを，自分の夢や目標に広げる力 |

## コラム　個に応じたキャリア・ガイダンスとカウンセリング

　キャリア教育の推進にあたっては，生徒一人ひとりの発達段階に合わせた個別の支援が必要になります。中学校では，中学校3年生での進路相談が一般に考えられがちでしたが，実際には日常生活での教師と生徒の「対話」，つまり言語によるコミュニケーションを手段として，生徒一人ひとりに助言や支援を与えるものです。

　さらに，ガイダンス機能について中学校学習指導要領総則第1章第4の2（5）では次のように述べています。

> 生徒が学校や学級での生活によりよく適応するとともに，現在及び将来の生き方を考え行動する態度や能力を育成することができるよう，学校の教育活動全体を通じ，ガイダンス機能の充実を図ること。

　現在，学校や学級の生活に十分に適応することができないなどの理由から，学習への意欲を失ったり，人間関係に関わる問題を抱えたりする生徒がたくさん見られます。また，学習の進め方や進路の選択にあたって，目的意識をもたず，自分を見失いがちな生徒も多く見られます。学習指導要領総則では，こうした課題を踏まえ，学校生活における一人ひとりの自己実現を進めていく観点からよりきめ細やかなガイダンスの必要性を提案しています。

　生徒が学校生活に適応し，主体的に活動していくために，学習や学校生活，進路に関する不安を取り除き，新たな目標をもたせることが大切です。そのために，各種活動でのガイダンスや年間を通した計画的なキャリア・カウンセリングの実施が効果的です。キャリア・カウンセリングは，生徒の視野を広げ，学校生活の様々な活動への関心を高めるだけでなく，教師とのコミュニケーションを通して不安を和らげ，新たな意欲を育てることにもなります。それが，好ましい人間関係の形成や学業・進路等の選択・自己決定，望ましい生き方などにつながります。また，1年生は初めての中学校生活に不慣れなために様々な課題や問題を抱えており，特に学年の始めなどで配慮する必要があります。

　学校におけるキャリア・カウンセリングとして，以下の事柄が考えられます。学校では，各学年で年間の指導計画にこうした活動を取り入れていくことが大切だと思われます。

|  | カウンセリング例 | 具体的な内容 | 期待される能力・態度 |
|---|---|---|---|
| 学習 | ○各教科のガイダンス<br><br>○コース別学習オリエンテーション<br>○学習相談 | 授業の約束や学習の仕方の説明<br><br>コース選択する際の内容の説明<br><br>各教科での弱点克服 | ・学習の進め方を理解し，意欲的に授業に取り組むことができる。<br>・自分の意思で選ぶことができる。<br>・自分の課題を知り，克服することができる。 |
| 生活 | ○新入生ガイダンス<br>○学級通信<br>○個人ノート<br><br>○班ノート<br>○二者面談<br><br>○三者面談・家庭訪問 | 学校生活のルールなどの説明<br>集団生活の意義などの説明<br>学級や学校生活の様子の記録<br><br>各班の様子や班会議の記録<br>学級担任と生徒による面談<br><br>学級担任・保護者・生徒による面談 | ・中学校生活に適応する。<br>・学級での自分の役割を知る。<br>・学級担任との意見交換で考えを述べる。<br>・よりよい集団活動の進め方が分かる。<br>・自分の課題に気付き，解決策を考え，新しい目標を設定することができる。<br>・保護者の意見も参考に考える。 |
| 進路 | ○進路情報の提供<br>○進路ガイダンス<br>○高校説明会<br>○進路相談 | 生徒へ様々な情報の伝達<br>上級学校の制度や内容の説明<br>高校の先生による質疑応答<br>担任と生徒または保護者の面談 | ・様々な情報を活用することができる。<br>・上級学校等の種類や特徴及び職業に求められる資格や学習歴が分かる。<br>・自分の意思で進路を選択できる。 |

# 第3章 行事・体験活動編

　新学習指導要領では，特別活動でなされている様々な体験活動の一層の充実が求められています。中央教育審議会答申では，体験活動を「他者・社会・自然・環境」との直接的な関わりという点で，社会性や豊かな人間性，体力や心身の健康，論理的思考力の基礎を形成するにあたって重要なものと位置付けています。さらに今回の改訂では，学級活動，生徒会活動，学校行事とそれぞれの内容に目標を設けており，学校行事を通して「望ましい人間関係を形成し，集団への所属感や連帯感を深め，公共の精神を養い，協力してよりよい学校生活を築こうとする自主的，実践的な態度を育てる」ことを目標に定めています。これは，キャリア教育のねらいとも大きく関わるものと考えられます。

　第3章では，行事や体験活動を「地域及び異年齢集団の交流」「集団宿泊活動」「職場体験（訪問）活動」「奉仕体験活動」「自然体験活動」「文化芸術体験活動」の6つに分け，小学校や中学校で実践した行事や活動において「キャリア教育の視点から身に付けさせたい力（基礎的・汎用的能力と関連付けたもの）」を関連付けた全体計画とその中の指導計画，資料などを紹介しています。

## おもな内容
① キャリア教育の視点に基づく実践例
　・活動名
　・ねらい
　・全体構想～全体計画と道徳，学級活動，教科などとの関わりを図式化
② キャリア教育とそれぞれの活動
　・紹介する実践例とキャリア教育（社会的・職業的自立に必要な能力）との関わりを簡単に説明する。
③ 1時間の指導案・活動の流れ
　・本時の展開または，活動の流れの中に基礎的・汎用的能力と関連付けた「キャリアの視点から身に付けさせたい能力」を載せる。

## 紹介する教科と学年
① 「地域及び異年齢集団の交流」：植栽活動・合同運動会（小・中学校全学年）
② 「集団宿泊活動」：宿泊体験活動（小学校高学年）
　　　　　　　　　　宿泊研修・職場見学（中学校2年）
③ 「職場体験（訪問）活動」：職場体験学習（中学校1・2年）
④ 「奉仕体験活動」クリーンアップ活動（中学校全学年）
⑤ 「自然体験活動」：花壇づくり（中学校全学年）
⑥ 「文化芸術体験活動」：ソーラン節（中学校全学年）
　　　　　　　　　　　　郷土の文化芸術体験（中学校3年）

**キャリア教育の視点に基づく実践例：小・中学校全学年　地域及び異年齢集団の交流**

1　活動名
　　小中連携事業「キバナコスモス植栽活動」

2　目　標
・自然と向き合い，地道な努力の大切さと重要性を感じながら活動を続けることによって，強い意志をはぐくむ。
・生命の躍動を自分たちの手で感じることで，自然の恩恵に感謝するとともに，自然に親しみ生命を慈しむ心を育てる。
・小中学校が連携して活動を行うことにより，児童生徒の交流を深め，協力する心と思いやりの心をはぐくむ。
・自分たちが育てた「キバナコスモス」をプレゼントすることで，地域の方々への感謝の気持ちを表す。

3　地域及び異年齢集団の交流とキャリア教育（社会的・職業的自立に必要な能力）との関わり

　本実践「キバナコスモス植栽活動」とは，大きく４つのねらいを設けて，各学校の周辺および国道沿い約1.5kmにキバナコスモスを植栽するというものであり，異年齢集団での役割を分担し協力することにより，所属感を高め，望ましい人間関係の形成を目指している。それと同時に，事前指導や事後指導などで地域や学校に貢献していることが実感できるような配慮をすることで，児童・生徒の活動意欲を高めている。

　本実践では，地元の建設業者や地域の方々にボランティアとして協力していただき，友達や先輩，後輩，地域の方々といった多くの人と互いに協力しながら活動することで，自らを豊かにし，進んで奉仕しようとする態度を育てることができ，キャリア教育における望ましい勤労観や職業観を養うという目標に深く結び付いていくものと考える。

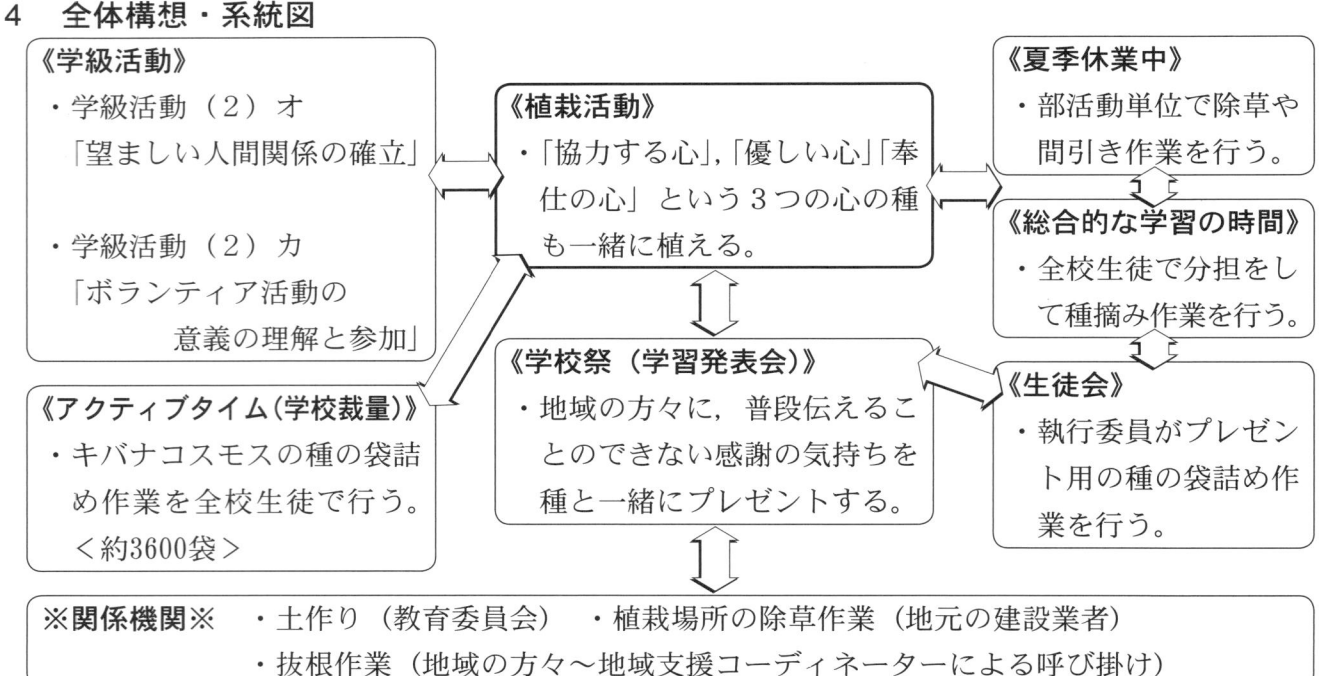

4　全体構想・系統図

**《学級活動》**
・学級活動（2）オ
　「望ましい人間関係の確立」
・学級活動（2）カ
　「ボランティア活動の
　　意義の理解と参加」

**《アクティブタイム（学校裁量）》**
・キバナコスモスの種の袋詰め作業を全校生徒で行う。
　＜約3600袋＞

**《植栽活動》**
・「協力する心」，「優しい心」「奉仕の心」という３つの心の種も一緒に植える。

**《学校祭（学習発表会）》**
・地域の方々に，普段伝えることのできない感謝の気持ちを種と一緒にプレゼントする。

**《夏季休業中》**
・部活動単位で除草や間引き作業を行う。

**《総合的な学習の時間》**
・全校生徒で分担をして種摘み作業を行う。

**《生徒会》**
・執行委員がプレゼント用の種の袋詰め作業を行う。

※関係機関※　・土作り（教育委員会）　・植栽場所の除草作業（地元の建設業者）
　　　　　　　・抜根作業（地域の方々～地域支援コーディネーターによる呼び掛け）

## 5 本 時（全体計画の2時間目）

### （1）本時のねらい
○植栽活動を通じて，生命を慈しみ，自然を大切にしようとする気持ちをもつことができる。
○児童生徒間の交流を深め，「協力する心」，「優しい心」，「奉仕の心」をもつことができる。

### （2）展 開

| 過程 | 主な学習活動と内容 | キャリア教育の視点から身に付けさせたい能力 | 指導上の留意点と評価 |
|---|---|---|---|
| 導入 | 1　開始式<br>・めあて<br>・植栽場所　｝確認<br>・安全面 | ・**互いの役割を理解する力**<br>○互いの役割や役割分担の必要性が分かり，植栽活動に対する見通しをもつことができる。 | ・安全に，かつ時間内に活動ができるよう，担当する班ごとに確認し合う。 |
| 展開 | 2　縦割りの各班で，学校周辺および国道沿いに種植えを行う。<br><br>　1班（小6・中3）<br>　2班（小5・中2）<br>　3班（小4・中1）<br>　4班（小3〜小1）<br><br>3　閉会の集い<br>・感想発表<br>　低学年<br>　高学年　｝各1名<br>　中学生<br>・地域の方々へのお礼 | ・**他者を理解する力**<br>○小学生に活動の仕方を教え，支援することができる。<br>・**積極的に他者と関わる力**<br>○小学生や地域の方々に自分から関わることができる。<br>○異年齢集団の活動に進んで参加し，役割と責任を果たしている。<br>・**自分の役割を果たす力**<br>○自分の役割に責任をもち，最後までやり通すとともに小学生のサポートもしっかりとこなすことができる。<br>○自分たちの学校や地域は，自分たちの手できれいにするという意識をもつことができる。 | ・地域の方々にも班に入ってもらい，支援していただく。<br><br>　1班（1200袋）<br>　2班（1100袋）<br>　3班（1000袋）<br>　4班（　300袋）<br><br>・移植ベラや割り箸の余り，小袋などを回収する。<br><br>・感想発表の内容を確認し，励ます。 |
| まとめ | 4　活動の振り返り<br>・要望，改善点<br>・自己評価　｝まとめ<br>・感想 | ・**職業について理解する力**<br>○植栽活動を通して，働くことの楽しさや大切さ，苦労ややりがいなどが分かる。 | 活動を振り返ることで，3つの心の大切さを再認識している。 |

## キャリア教育の視点に基づく実践例：小・学校全学年　地域及び異年齢集団の交流

1　活動名
　　小・中合同運動会

2　目標
　・小・中学生が合同で運動会を行うことによって，規律ある集団行動の美しさや，集団への所属感に目を向けさせるとともに，運動することのよさ，楽しさを体得させる。
　・保護者や地域の人々，小・中の児童・生徒が協力しながら活動することによって，地域社会の一員であるという意識を高めさせる。

3　地域及び異年齢集団の交流とキャリア教育（社会的・職業的自立に必要な能力）との関わり
　　本実践は，小・中学校の合同運動会において児童・生徒が縦割りのグループに分かれて，準備から当日の係の仕事まで，協力して活動するものである。このことを通して，規律ある集団行動の美しさや，集団への所属感に目を向けさせることなどを主なねらいとしているが，小学1年生から中学3年生までの異年齢集団が地域の支援を受けながら，合同で行事に参加することにより，働くことの大切さや必要性を体得するとともに，互いに認め合ったり進んで奉仕しようとしたりする態度の変容が見られる。特に中学生においては，これらの変容が顕著であることから，望ましい勤労観・職業観を養う上でキャリア教育との関わりが深い実践内容であると考えられる。
　　ここでは，体験的な活動および，異年齢集団活動のよさを十分に生かし，児童生徒一人ひとりが集団に貢献していることを実感できるような，事前・事後の指導や支援を行っている。このことが児童生徒の活動意欲を高めることにつながるが，異年齢集団であることをふまえ，それぞれの発達段階に応じて，キャリア発達を支援していくことが大切であると考える。

4　全体構想・系統図

**《学級活動》**
・小・中学校合同
　係活動・集会
・小・中学校
　学級活動
　「学級における多様な集団の生活の向上」
・中学校
　生徒会活動
　「学校行事への協力に関する活動」

**《全体計画》**
＜事前＞運動会を成功させよう
・キャプテン会議，色別集会で合同運動会の意義を理解する。

＜当日＞小・中合同運動会
・小・中学生が協力して運営に参加する。

＜事後＞運動会を振り返ろう
・運動会を振り返り，反省や感想をまとめる。

**《保健体育》**
・小・中学校
　体づくり運動
・小学校
　基本の運動・表現ゲーム
・中学校
　陸上競技

**《道徳》**
・小・中学校
　勤労・奉仕
・小学校
　友情・信頼・助け合い
・中学校
　社会的役割と責任

**《地域交流等》**
・グラウンド整備
・地区や町内ごとでの昼食，休憩

## 5　活動の流れ

| 活動 | 主な学習活動と内容 | | キャリア教育の視点から身に付けさせたい能力 | 指導上の留意点と評価 |
|---|---|---|---|---|
| | 小学校 | 中学校 | | |
| 3週前 | | キャプテン会議<br>・全体計画の理解<br>運動会選手決め | ・正しく選択する力<br>○生徒個々の能力や特性をもとに，適切な参加種目を選択することができる。 | ・生徒の自主性を尊重するとともに，勝敗にこだわり過ぎないように助言する。 |
| 2週前 | 色別集会①<br>（3年生以上）<br>・メンバーの顔合わせ | | ・他者を理解する力<br>○異年齢集団でチームを編成し，活動することを理解する。<br>・互いの存在を認める力<br>○異年齢集団の中で互いの存在を認め合い，立場を尊重しようとする。<br>・情報を吟味する力 | ・発達段階や集団を構成する学年に応じて身に付けさせたい能力と，到達目標を設定する。<br>多様な人間関係の中で活動に取り組むことに関心をもつ。 |
| | 色別集会②<br>（全校）<br>運動会練習 | 運動会練習 | | |
| 前週・実施週 | 色別集会③<br>（全校） | | ○疑問や情報を共有し，改善や向上に生かすことができる。<br>・必要なことを選択する力<br>○集団として活動するために必要な行動を判断し，実行することができる。<br>・職業について理解する力<br>○係として担当の仕事に責任をもつことや，働くことの意義が分かる。 | ・児童生徒の自主性を尊重するとともに，中学生のリーダーシップを生かす。<br>・児童生徒間および，児童生徒と教師間の報告，連絡，相談を徹底する。 |
| | 運動会練習（小・中合同） | | | |
| | 係打ち合わせ | | | |
| 実施週・前日 | 運動会予行 | | ・計画を実行する力<br>○自分の役割と責任を自覚し，計画の実行に向けて意欲的に取り組むことができる。 | |
| | 運動会練習<br>（小学校単独） | 運動会練習<br>（中学校単独） | ・問題点を発見する力<br>○予行で気付いた問題点を解決しようとする。 | ・児童生徒の気付きを尊重し，事後の振り返りを大切にする。 |
| | 運動会準備<br>（4年生以上） | 運動会準備 | ・自分の役割を理解する力<br>○異年齢集団における役割分担の意義を理解する。<br>・互いに協力する力<br>○異年齢集団の活動の中で進んで自分の役割と，責任を果たそうとする。 | ・教師からの指示を最小限にとどめ，児童生徒の自尊感情を損なわないように配慮する。 |
| 当日 | 合同運動会<br>・小・中学生が縦割りチームで各競技に参加する。<br>・協力して審判などを務める。<br>・様々な場面で，保護者や地域の方々との交流を深める。 | | ・進んで行動する力<br>○指示を待たなくても活動できる。<br>・課題を解決する力<br>○問題点の克服や，状況を判断しながら臨機応変に対処することができる。 | ・児童生徒のよいところを積極的に認めて褒め，自己有用感を高める。<br>自分の役割を認識し確実に仕事を実行している。 |
| 事後 | 振り返り<br>（小学校単独） | 振り返り<br>（中学校単独） | ・他者を理解する力<br>○活動を振り返り，他者の立場を理解するとともに自己有用感を高めることができる。 | 感想や反省等を簡潔かつ，焦点を絞ってまとめ，自分のことばで表している。 |

**キャリア教育の視点に基づく実践例：小学校高学年　集団宿泊活動**

## 1　活動名
宿泊体験活動
〜自然の中でみんなと協力して過ごし，友情を深めよう〜

## 2　目標
- 野外活動を中心とした集団生活を通して友達との交流を深め，自分の役割を果たすことや協力することの大切さを知ることができる。
- 自然に親しむ喜びを味わうとともに，自然の素晴らしさや不思議に気付くことができる。

## 3　集団宿泊活動とキャリア教育（社会的・職業的自立に必要な能力）との関わり

　本実践は，少年自然の家での宿泊体験活動を通しての実践である。野外活動（登山，野外炊飯，キャンプファイヤー，プロジェクトアドベンチャー）を中心とした集団生活を通して友達との交流を深め，自分の役割を果たすことや協力することの大切さを知ることをねらいとしている。また，自然に親しむ喜びを味わうとともに，自然の素晴らしさや不思議に気付くこともねらいとしている。

　集団での様々な活動で，役割を分担し，協力することにより所属感を高め，望ましい人間関係の形成を目指していきたいと考える。また，事前指導や事後指導などで協力することのよさが実感できるような配慮をすることで，児童の活動意欲を高めていきたいと思う。

## 4　全体構想

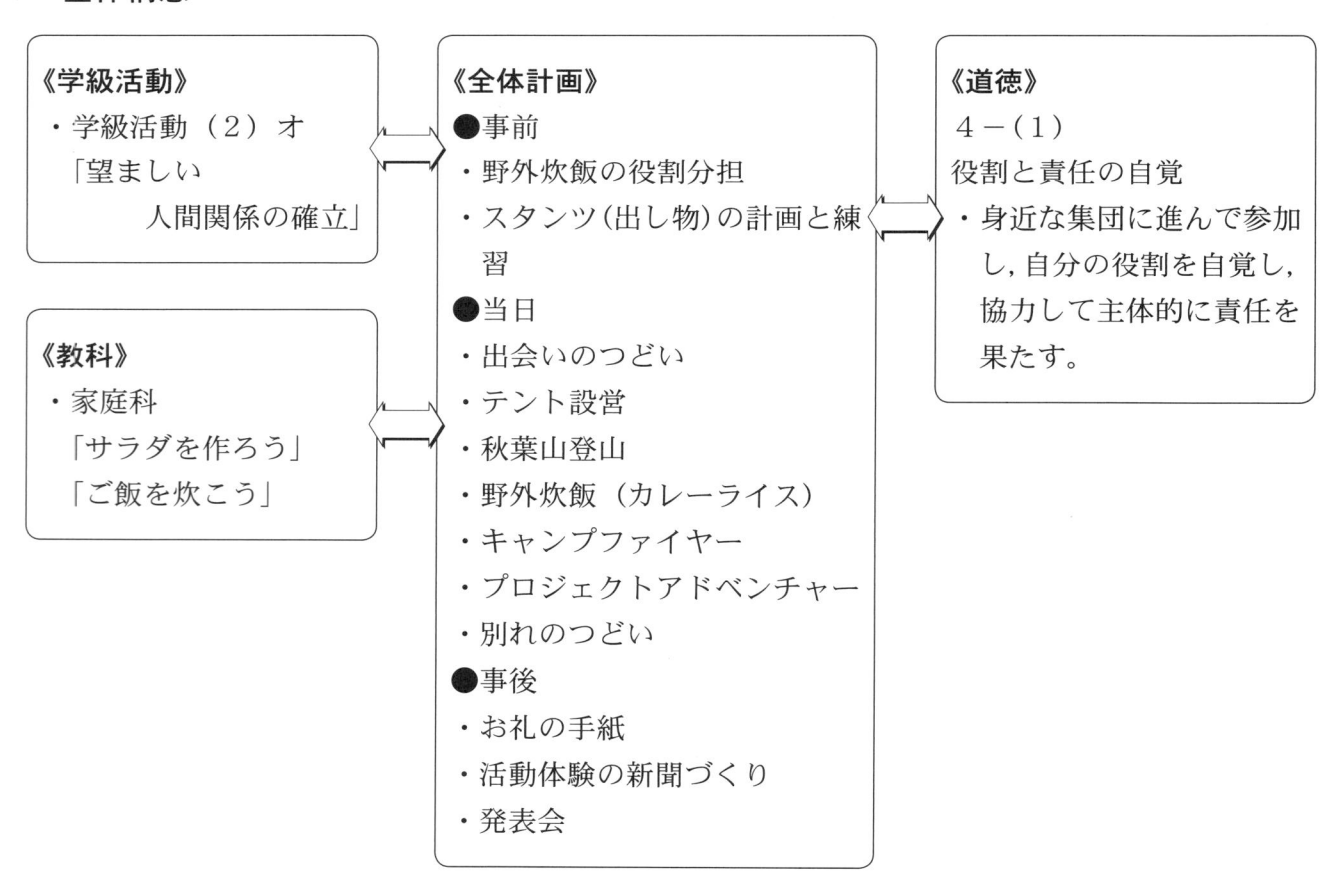

**《学級活動》**
- 学級活動（2）オ
「望ましい人間関係の確立」

**《教科》**
- 家庭科
「サラダを作ろう」
「ご飯を炊こう」

**《全体計画》**
- ●事前
  - 野外炊飯の役割分担
  - スタンツ(出し物)の計画と練習
- ●当日
  - 出会いのつどい
  - テント設営
  - 秋葉山登山
  - 野外炊飯（カレーライス）
  - キャンプファイヤー
  - プロジェクトアドベンチャー
  - 別れのつどい
- ●事後
  - お礼の手紙
  - 活動体験の新聞づくり
  - 発表会

**《道徳》**
4－(1)
役割と責任の自覚
- 身近な集団に進んで参加し，自分の役割を自覚し，協力して主体的に責任を果たす。

## 5 本時

(1) 本時のねらい

○野外活動を中心とした集団生活を通して友達との交流を深め，自分の役割を果たすことや協力することの大切さを知ることができる。

○自然に親しむ喜びを味わうとともに，自然の素晴らしさや不思議に気付くことができる。

(2) 展開

| 過程 | 主な学習活動と内容 | キャリア教育の視点から身に付けさせたい能力 | 指導上の留意点と評価 |
|---|---|---|---|
| 事前 | 1 班ごとに，めあてや役割分担，スタンツの内容を話し合う。<br><br>2 スタンツの練習をする。 | ・**互いの意見を述べ合う力**<br>○宿泊体験活動の話し合いに積極的に参加する。 | ・児童が自信をもって活動ができるように，励ましたり，助言したりする。 |
| 展開 | 3 各活動を行う。<br>・出会いのつどい<br>・テント設営<br>・秋葉山登山<br>・野外炊飯<br>・キャンプファイヤー<br>・プロジェクトアドベンチャー<br>・別れのつどい | ・**進んで役割を果たす力**<br>○集団活動に進んで参加し，役割と責任を果たそうとする。<br>・**課題を解決する力**<br>○自分の役割に対して責任をもち，最後までやり通そうとする。<br>・**互いの役割を理解する力**<br>○互いの役割や役割分担の必要性が分かる。 | ・各班ごとに教員や少年自然の家の所員の方々を配置し，安全面に配慮する。<br><br>自分の役割を果たしたり，友達と協力して活動したりすることのよさに気付いたりしている。 |
| 事後 | 4 自然の家の方にお礼の手紙を書く。<br><br>5 体験活動を新聞にまとめる。 | ・**職業について理解する力**<br>・野外炊飯活動を通して，働くことの楽しさや大切さ，苦労などが分かる。 | ・活動を振り返ることで，互いのよさを認め合い，喜びを分かち合えるようにする。 |

**キャリア教育の視点に基づく実践例：中学校2年　集団宿泊活動・職場訪問活動**

## 1　活動名
秋田市内における宿泊研修および職場見学

## 2　目標
- 事業所や施設の見学，体験を通して，集団生活のルールや公共の場でのマナーを身に付ける。
- 班活動による見学や宿泊を行うことで，互いを認め合い，協力し合う気持ちを育む。
- 事業所や施設の見学，体験活動によって，公共の仕事や地域産業についての見聞を広め，自分の進路について振り返る機会とする。

## 3　集団宿泊活動・職場訪問活動とキャリア教育（社会的・職業的自立に必要な能力）との関わり

本実践は，「総合的な学習の時間」による2年生の秋田市内での宿泊研修である。宿泊施設での共同生活を通して，集団生活のルールや公共の場でのマナーを身に付けさせるとともに，グループでの役割分担をして活動をすることで，互いを認め合い，協力し合う気持ちを育むことをねらいとしている。また，秋田市内の事業所や施設の見学，体験活動を行うことで，職業や地域産業についての見聞を広め，勤労の意義を考え，自分の進路について振り返る機会ともしており，こうした活動を通して，キャリア教育との関わりを深めながら，互いに協力して望ましい勤労観，職業観を培うことを目指している。

## 4　全体構想

**《学級活動等》**
- 学級活動（2）－エ「男女相互の理解と協力」
- グループ作り
- 学級活動（2）－ウ「社会の一員としての自覚と責任」
- 学級活動（3）－ア「学ぶことと働くことの意義の理解」

**《全体計画》**
1. 事業所の事業内容を知ろう
2. 秋田市内の事業所までの移動手段を知ろう
3. 博物館の学習コースを決めよう
4. 事業所に質問内容を送ろう
5. 宿泊研修
6. 事業所で学んだことをレポートにまとめよう
7. 各事業所にお礼の手紙を書こう

**《道徳》**
1－（3）
- 自立の精神を重んじ，自主的に考え，誠実に実行してその結果に責任をもつ。

2－（1）
- 礼儀の意義を理解し，時と場に応じた適切な言動をとる。

4－（5）
- 勤労の尊さや意義を理解し，奉仕の精神をもって，公共の福祉と社会の発展に努める。

5　活動の流れ

| 日程 | 主な学習活動と内容 | キャリア教育の視点から身に付けさせたい能力 | 指導上の留意点 |
|---|---|---|---|
| 事前 | ・事業所の事業内容を調べる。<br>・事業所に電話連絡し，質問内容一覧を送る。<br>・秋田市内の事業所までの移動手段を調べる。 | ・**自分の考えを伝える力**<br>○事業所選択についての話し合いで，自分の思いや考えを分かりやすく伝える。<br>・**情報を検索し処理する力**<br>○移動の手段としての路線バスの路線や時刻，運賃について，インターネットで調べる。 | ・訪問先について，互いの考えが出し合えるような話し合いの場を設定する。<br>・バス停確認のための地図を用意したり，インターネット検索の仕方について助言する。 |
| 1日目 | ・さきがけ印刷センター見学（全員）<br>・路線バスで各事業所に移動<br>・職場見学（グループ別研修）<br>・路線バスで帰舎<br>・職場見学のまとめ<br>・夕食・入浴 | ・**職業について理解する力**<br>○秋田市内の事業所や施設での見学や体験を通して，勤労の意義や事業所の人々の職業への思いなどを知る。<br><br>・**自らを管理する力**<br>○宿泊のために決められた時間や集団生活のルールを守る。 | ・スムーズなインタビュー活動ができるよう，予めインタビュー内容を各事業所に送付しておく。<br>・入浴順や食事の座席，宿泊施設での過ごし方のルールなどを，実行委員が決めて，しおりに記載しておく。 |
| 2日目 | ・県立博物館見学（セカンドスクール的活用）<br><br>・帰校 | ・**職業について理解する力**<br>○博物館で働く職員の様子から，公共の仕事についての理解を進める。 | ・博物館展示の見学をしながら，そこで働く職員の方々に注目するように事前指導し，公共の仕事について考えられるようにする。 |
| 事後 | ・職場見学から学んだことをレポートにする。<br>・各事業所にお礼の手紙を書く。 | ・**考えをまとめる力**<br>○働くことの意義や大切さを考えながら，職場見学の結果をレポートにまとめる。 | ・レポートのまとめを書きやすくするために，インタビュー結果をメモしやすい構成のしおりを用意する。 |

訪問事業所一覧　　秋田地方気象台　　スポーツ科学センター　　秋田県警察本部
　　　　　　　　　秋田県教職員組合　　日銀秋田支店　　　　　　秋田地方裁判所
　　　　　　　　　秋田県立図書館　　　スポーツデポ秋田店

キャリア教育の視点に基づく実践例：中学校１年　職場体験（訪問）活動

## 1　活動名
職場体験学習

## 2　目　標
- 実際に働く体験活動を通して，社会で働いている人々と触れ合い，夢や希望，職業に対する視野を広げるとともに，自己の適性等を知り，適切に進路選択しようとする態度を育てる。
- 職業や勤労の意義や価値を考え，自己に適する進路を探求する態度を育てる。
- マナー意識やコミュニケーション能力を高め，社会の一員としての自覚を高める。

## 3　職場体験学習とキャリア教育（社会的・職業的自立に必要な能力）との関わり
　本実践は，実際に働くという体験活動を通して，働くことの喜びや大変さを感じることにより，働くことの意義を考えたり，職業への関心を高めたりすることをねらいとしている。また，実際に働いている人たちと直に接することにより，自己のよさや適性を理解することができるとともに，その人たちの働くことに対する考え方や，生き方などにも触れることができ，自分の将来の生き方を考えたり，進路を選択したりする上での参考にもなる。さらに，実社会で実際に活動することにより，マナーと責任感，コミュニケーション能力を高め，自分は社会の一員であるという自覚をもつことにもつながり，望ましい勤労観・職業観を養うことに直結しており，キャリア教育そのものといえる。

## 4　全体構想・系統図

《学級活動等》
- 学級活動（３）エ「職業や，職業と適性について考え，理解する」

《教科》
- 社会科（３年生）社会生活における職業の意義と役割及び雇用と労働条件の改善
- 英語科（全学年）積極的にコミュニケーションを図ろうとする態度の育成

《全体計画》
〈第１時〉働くことについて知ろう
・働く目的や意義などについて話し合う。
〈第２時〉職業について知ろう
・様々な職業を調べ，理解する。
〈第３～５時〉職場体験活動に向けて
・職場体験オリエンテーション
・体験する職業を決定する。
・体験先へ依頼の電話をしたり，依頼状を送付したりする。
・職場体験の計画表を作成する。
〈第６～12時〉職場体験学習
・各体験先に分かれて，職場体験をする。
〈第13時〉活動をまとめよう
・体験先にお礼状を作成し，送付する。
・職場体験を振り返り，レポートにまとめる。
〈第14時〉報告会を開こう
・自分たちの体験内容などを発表する。

《道徳》
４－（５）
・勤労の尊さや意義を理解し，勤労を通して生きがいのある人生を実現しようとする実践意欲を培う。

《教科》
・国語科「礼状を書く」感謝の気持ちを手紙の書き方のきまりに従って書く。

## 5 本 時 （全体計画の6～12時間目）

(1) 本時のねらい
○実際に働く体験を通して，社会で働いている人々と触れ合い，夢や希望，職業に対する視野を広げるとともに，自己の適性等を知ることができる。
○マナー意識やコミュニケーション能力を高め，社会の一員としての自覚をもつことができる。

(2) 展　開

| 過程 | 主な学習活動と内容 | キャリア教育の視点から身に付けさせたい能力 | 指導上の留意点と評価 |
|---|---|---|---|
| 導入 | 1 班ごとに，体験先までの行程や，留意点について確認する。<br><br>2 班ごとに体験先へ移動する。 | ・**計画を実行する力**<br>○事前に作成した活動計画に基づき，行動する。 | ・体験の「ねらい」，緊急時の対応について再確認する。<br><br>・安全確認のため，教師は巡回する。 |
| 展開 | 3 各体験先で職場体験をする。 | ・**人間関係を築く力**<br>○きちんとあいさつや返事をする。<br>・**自己を理解する力**<br>○自分の適性を理解する。<br>・**職業について理解する力**<br>○働く喜びや大変さを知る。<br>○仕事内容を具体的に知る。<br>○働くことの意義や働く人々の思いを理解する。<br>・**自分の役割を理解する力**<br>○社会の一員であるという自覚をもつ。 | ・生徒の活動の様子を確認するために教師が体験先を訪問する。<br><br>・職場の一員という自覚をもち，積極的に働いている。<br>・働くことの意義や，働く人々の思いを理解しようとしている。<br>・社会のルールやマナーを守っている。 |
| まとめ | 4 学校に戻り，体験を振り返る。 | ・**情報を理解する力**<br>○体験した職業の内容を理解する。<br>・**自分の考えをまとめる力**<br>○体験内容をレポートにまとめる準備をする。 | ・体験の「ねらい」に基づいて振り返られるように，シートを工夫する。<br>・班で体験内容を振り返り，情報を整理するように助言する。 |

**キャリア教育の視点に基づく実践例：中学校全学年　奉仕体験活動**

1　**活動名**
　　海岸のクリーンアップ活動

2　**目　標**
　・海岸の清掃を行うことで，生徒一人ひとりが自分の役割を果たしながら，協力して活動する態度を育てる。
　・学区内の海岸をクリーンアップすることにより，地域の一員としての自覚を促すとともに，環境について考える態度を育てる。

3　**奉仕体験活動とキャリア教育（社会的・職業的自立に必要な能力）との関わり**
　　本実践は，生徒が育った地区の砂浜を，全校生徒によりクリーンアップ活動をすることで勤労の価値や必要性を体得することをねらいとしている。本活動を通して，環境美化活動の計画を立てること，友達と協力しながら一つのことを成し遂げること，自然環境を守ることなども考えさせることができる。これは，望ましい勤労観・職業観を養う上でのキャリア教育と大いにかかわっていると考えられる。

4　**全体構想・系統図**

《学級活動》
・係活動
・当番活動
　（清掃・給食・整備活動）
・学級活動
　「働くことの意義について考える」
・委員会活動

《各教科》
○社会
　・環境保全
　・自然と人間
　・環境問題

《全体計画》
＜事前＞活動の概要を知ろう
・全校集会で，海岸の状況を知り，自分たちの手によるクリーンアップの必要性を考え，計画を練る。

＜本時＞クリーンアップ
・2つの海水浴場に分かれて，クリーンアップを行う。

＜事後＞活動をまとめよう
・クリーンアップに参加しての感想や自分たちにできることは何かを考え，話し合ったり，文にまとめたりする。

《道徳》
主として集団や社会とのかかわりに関すること。
・勤労の尊さや意義を理解し，奉仕の精神をもって，公共の福祉と社会の発展に努める。
・地域社会の一員としての自覚をもって郷土を愛し，社会に尽くした先人や高齢者に尊敬と感謝の念を深め，郷土の発展に努める。

## 5 本 時 （全体計画の２時間目）

(1) 本時のねらい
　〇地域の海岸の清掃活動の計画を立て，友達と協力しながら活動に取り組むことができる。

(2) 展　開

| 過程 | 主な学習活動と内容 | キャリア教育の視点から身に付けさせたい能力 | 指導上の留意点と評価 |
|---|---|---|---|
| 導入 | 1　本時のめあてや役割分担，移動時の安全面などを確認する。（全体・学年ごと）<br>・本日のめあて<br>・清掃担当箇所<br>・互いの役割分担<br>・活動時の注意点 | **・互いを理解する力**<br>〇クリーンアップの話し合いに積極的に参加する。<br>〇自分と異なる意見を理解する。 | ・クリーンアップ活動に伴う危険行為については周知徹底できるように詳しく伝えておく。<br><br>・取りかかりやすくなるよう，現場の地図を提示する。 |
| 展開 | 2　自分たちの故郷の海岸のクリーンアップ（清掃活動）を行う。<br>・ごみの収集<br>・ごみの分別<br><br>3　市の環境課の職員の話を聞く。 | **・人間関係を築く力**<br>〇市の担当職員にきちんと挨拶や受け答えができる。<br><br>**・よりよい方法を考える力**<br>〇浜を訪れる人のためにも美観をなるべく保つようにできることを考える。<br>〇自分の役割に対して，積極的に取り組み，主体的に解決していくことができる。<br>**・互いに役割を果たす力**<br>〇互いの役割や役割分担の必要性が分かる。<br>〇仕事における役割の関連に気付く。 | ・効率よく作業ができるように，クリーンアップ箇所を数カ所に区切っておく。<br><br>・天候を見て，熱中症対策をさせる。（服装，水分など）<br><br>・生徒の通り道の要所に職員を配置し，安全面の指導をする。<br><br>・作業前に装備の確認（手袋等）をさせる。<br><br>・交通事故やけが等に対する注意を喚起する。 |
| まとめ | 4　作業終了後，活動に対しての感想を出し合い，活動を振り返る。 | **・働くことの意義を理解する力**<br>〇クリーンアップ活動を通して，働くことの楽しさや苦しさ，意義，働く人の様々な想いを理解することができる。 | ・本活動を振り返ることで，お互いのよさを認め合い，クリーンアップ活動終了の喜びを分かち合えるように，認め合いの場面を工夫する。 |

**キャリア教育の視点に基づく実践例：中学校全学年　自然体験活動**

## 1 活動名
学校花壇を美しく彩ろう

## 2 目標
・担当学年ごとに，学校花壇のデザインを決め，1年を通して定植した花々を世話することを責任もって行うことで，充実感を味わうとともに，適切な勤労観や職業観をはぐくむための一助とする。

## 3 自然体験活動（花壇経営を通して）とキャリア教育（社会的・職業的自立に必要な能力）との関わり

本実践は，自然体験活動の一環として，全校生徒で行っている学校花壇作りである。花壇作りの他，畑も経営している。例年そばの実を蒔き，育て，食べるまでを行っている。

特に花壇経営に関しては，特設した時間ではなく，放課後の委員会活動として，環境美化委員会が中心となって活動を行っており，全校生徒で花壇のデザインから定植，灌水や除草などを継続的に行っている。こうした生徒主体の全校生徒での花壇経営は，望ましい勤労観・職業観を養う一助になると考えられ，キャリア教育との関わりが深いと思われる。また，本県の「ふるさと教育」の趣旨にも当てはまる，地域色豊かな行事である。

## 4 全体構想・系統図

| 《委員会活動》 | 《全体計画》 | 《道徳》 |
|---|---|---|
| ・環境整備委員会で学級花壇のデザイン決定を促す。<br>・デザインにあった苗と数を調べる。<br>・定植作業で「仕事の手順」「係分担」を学級に伝える。<br>《学級活動》<br>・デザイン決定<br>・定植作業の係分担<br>・定植後の灌水や除草など花の世話を当番制にするための班決定 | ＜第1時＞「花壇デザインを考える」<br>4月定例専門委員会<br>・環境整備委員会の呼びかけで学級でデザインを決定する。<br>＜第2時＞「苗の種類と個数を決めよう」5月定例専門委員会<br>・デザインから環境整備委員が苗の種類と数を決定する。<br>＜第3時＞「作業内容の整備」<br>6月定例専門委員会<br>・定植作業での係活動内容を考え，各学級に伝える。<br>＜第3時＞6月28日（月）<br>　各学年の花壇への定植を行う<br>＜第4時＞学級活動「花壇当番を決めよう」<br>・1年間の花の世話の当番決定の話し合いを行う。 | （1年）<br>3－(1)<br>生命の尊重<br>生命の尊さ<br>4－(5)<br>勤労・社会への奉仕，公共の福祉・働く喜び<br><br>（2年）4－(4)<br>役割と責任の自覚，集団生活の向上・役割の自覚<br><br>（3年）4－(4)<br>役割と責任の自覚，集団生活の向上<br><br>・集団と役割 |
| 《教科》技術・家庭<br>（技術分野）<br>「適切な土作り」 | | |

## 5　本　時（全体計画の３時間目）

（１）本時のねらい
　○自分の役割に自覚をもち，さらに協力しながら安全に作業を進めることができる。

（２）展　開

| 過程 | 主な学習活動と内容 | キャリア教育の視点から身に付けさせたい能力 | 指導上の留意点と評価 |
|---|---|---|---|
| 導入 | 1　全体会で，環境整備委員長が全校生徒に活動内容を伝える。<br>2　学級ごとに花壇に行き，確認する。<br>・作業手順<br>・使う道具<br>・安全への配慮 | ・**計画を実行する力**<br>○先を見通し，段階的に作業を進めようとする。<br><br>・**互いの考えを伝える力**<br>○話し合いで，互いに思いや考えを伝え合うことができる。 | ・教師は個人の能力や人間関係を把握し，戸惑う生徒に支援をする。 |
| 展開 | 3　学級ごとに定植作業を行う。<br>・ならす<br>・除草・小石取り<br>・ポイント決め<br>・定植<br>・灌水<br>4　デザイン通りに定植できているか，ずれなどはないか，学級全員で確認をする。 | ・**自主的に活動する力**<br>○作業の準備，片付けを自主的に行おうとする。<br><br>・**自分の役割を果たす力**<br>○自分の担当を責任をもって果たそうとする。<br><br>・**協力し作業を進める力**<br>○互いに遅れている作業箇所を積極的に手助けしたりして，協力し合い，状況に応じた言動をとろうとする。 | ・学級ごとに花壇全体に目を配らせ，危険を未然に防ぐように，声かけをしたり，注意を促したりする。<br>・具合が悪そうな生徒には積極的に声かけをする。<br><br>自分の役割に自覚をもち，協力しながら安全に作業を進めることができた。<br><br>デザイン通りに定植するために修正し合いながら作業を進めることができた。 |
| まとめ | 5　学級ごとに係分担の班長を中心に作業を振り返る。<br>6　班長が振り返りをまとめ，学級全体に発表し，共有化する。 | ・**互いの意見を参考にする力**<br>○話し合いに積極的に参加したり，自分と異なる意見を受け入れたりすることができる。 | ・活動を振り返ることで，完成の喜びと達成感を味わうことができる。 |

キャリア教育の視点に基づく実践例：中学校全学年　文化芸術体験活動

1　活動名
　　うたえ　うたえ　輝きのうた

2　目標
・芸術文化活動を通して自己の生き方を見つめ，自己の可能性を拡大し，広く社会に役立とうとする態度を育てる。

3　文化芸術体験活動とキャリア教育（社会的・職業的自立に必要な能力）との関わり

　本実践は，ニューソーランの踊りや合唱などの表現活動に学級・学年・全校で取り組む活動を通して友達と協力しながら練習したり，よりよい踊りや合唱にするために考えたり，他のクラスや学年のよいところを学び，自分たちの演技に生かしていこうとする態度を育てることをねらいとしている。こうした活動を通して，友達や社会との絆が拡大され，自己と他者との関係に気付き，より高い自己表現力を目指すようになることが期待され，キャリア教育との関わりの深い内容となっている。

　踊りや合唱を練習したり，発表に向けて完成度を高めたりする過程で，外部講師や他の学年・学級，同級生など様々な人々と，コミュニケーションや豊かな人間関係を築きながら，自己の成長を果たしていく能力を高めていきたいと考える。また，発表前には見に来てくださる方々を意識し，自信をもって生き生きと表現できるように事前の取り組みを充実させ，発表後は成就感を味わえるように配慮することで，生徒の次への活動意欲の向上につなげたいと思う。

4　全体構想・系統図

《学級活動等》
・学年集会
・学級活動
第1学年：
「学校行事から中学校生活の見通しをもとう」
第2学年：
「学校行事へ積極的に参加しよう」
第3学年：
「最高学年として学校行事を成功させよう」
・エンカウンター

《教科》
・保健体育　「ダンス」
・音楽　「合唱」

《全体計画》
第1段階　体育祭での中間発表
〈第1時〉振り付けを覚えよう
・わらび座の指導のもと，学年ごとにニューソーランを練習する。
〈第2時〉踊りをレベルアップしよう
・わらび座の指導のもと，学級ごとに工夫をする。
〈第3時〉合同練習会
・他学年の踊りを見合う
〈第4時〉体育祭
・各学年の踊りの発表のあと，全校一斉に踊る。
第2段階　学校祭での合唱発表
第3段階　発表会

《道徳》
第1学年
1－(5)
・自分の生き方を考える
・個性を伸ばす
4－(7)
・よりよい集団作り
第2学年
1－(5)
・個性を考える
4－(7)
・充実した学校生活
第3学年
1－(5)
・自分なりの生き方
・よりよく生きる
4－(7)
・充実した学校生活

5 **本時**（全体計画の３時間目）
(1) 本時のねらい
　〇他学年の踊りを見合う活動において，下級生は上級生の踊りの優れた点を学び，上級生は下級生に手本を見せることで，より高い目標をもつことができる。

(2) 展　開

| 過程 | 主な学習活動と内容 | キャリア教育の視点から身に付けさせたい能力 | 指導上の留意点と評価 |
|---|---|---|---|
| 導入 | 1　全体でニューソーランを踊り，活動のめあてを確認する。<br>・振り付け<br>・かけ声<br>・動き<br>・課題 | **・よりよい方法を考える力**<br>〇よりよい動きにするためにどう動き，どんなかけ声を出したらいいかが分かる。 | ・生徒が気付きやすくするために，動きのポイントを指示したり，いっしょに声を出したりする。 |
| 展開 | 2　学年ごとにニューソーランを踊る。<br><br>3　他学年の踊りを見て，それぞれの優れた点を確認する。<br><br>4　学級ごとに学んだことを生かして練習する。 | **・互いのよさに気付く力**<br>〇自分が発表するときには，積極的に踊ったり，かけ声を出したりしようとする。<br>〇上級生の踊りの良いところを見付けたり，下級生の頑張りを認めたりする。<br>**・自分の課題を発見する力**<br>〇自分たちの踊りの課題を解決しようとする意識をもつ。<br>**・よりよい方法を考える力**<br>〇与えられた時間の中で学級ごとに創意工夫した振り付けを考える。 | ・生徒が主体的に行動できるように声かけをしたり，励ましたりする。<br><br>下級生<br>・自分のできることを精一杯行い，上級生の動きを手本にして，よりよい演技をしようとしている。<br>上級生<br>・下級生の手本となり，リーダーとしての役割や責任を果たす。<br>・自分たちの想いを工夫して表現する方法を考えている。 |
| まとめ | 5　感想を発表し合う。 | **・自分の意見を伝える力**<br>〇よりよい踊りにするために，自分の意見をわかりやすく伝えようとする。 | ・活動を振り返ることで，互いの頑張りを認め合い，体育祭に向けての意欲を高められるようにする。 |

**キャリア教育の視点に基づく実践例：中学校3学年　文化芸術体験活動**

## 1　活動名
地域理解プロジェクト　〜郷土の文化芸術体験〜

## 2　目標
- 郷土の文化芸術に接する体験を通して日本の文化のよさを再発見するとともに，郷土を大切にしていこうとする態度を育てる。
- 文化芸術活動等に精通している地域の方々とのふれあいを通して，これからの生き方や目上の人との接し方について考えさせる。
- 集団行動を通して自己を律したり，友達と協調したりしようとする態度を育てる。

## 3　文化芸術体験活動とキャリア教育（社会的・職業的自立に必要な能力）との関わり

本実践は，地域に住む方々を講師として招いて文化芸術活動を行うことにより，日本の文化のよさを再発見するとともに，郷土を大切にしていこうとする態度を育てたり，これからの生き方や目上の人との接し方を考えさせたりすることをねらいとしている。

また，こうした活動を通して，望ましい勤労観・職業観を養うという意味において，キャリア教育との関わりの深い内容になっている。

ここでは，単に体験活動を行っただけという結果にならないように，以下のようなねらいをもって指導や援助をしていくことが大切である。

## 4　全体構想・系統図

《学級活動等》
- 学級活動（2）イ「自己および他社の個性の理解と尊重」
- 学級活動（3）ア「学ぶことと働くことの意義の理解」
- 学級活動（3）エ「望ましい勤労観・職業観の形成」

《教科》
- 国語「伝統的な言語文化と国語の特質に関する事項」
- 音楽　表現（2）イ「楽器の演奏」
- 美術　表現（3）ア「創造的な表現」
- 保体　G1（1）イ「踊り方の特徴を捉えて踊る」
- 家庭　B（3）イ「地域の食文化の理解」

《全体計画》
＜第1時＞ガイダンス
- 「地域理解プロジェクト」の体験内容や目標に関する説明を聞き，自分が興味をもって取り組めそうな体験コースを選択する。

＜第2～4時＞事前学習
- 本やインターネットを利用して選択したコースに関する事前調査を行い，体験活動に向けた事前準備を行う。

＜第5時＞文化芸術体験学習
- 選択コースごとに分かれ，日本の伝統文化の体験学習を行う。

＜第6時＞事後学習・まとめ
- 事前調査の内容や体験したことを個人新聞にまとめ，学年全体で体験内容についての発表を行い，互いのがんばりを認め合うとともに活動を振り返る。

《道徳》
1−（2）
- より高い目標を目指し，希望と勇気をもって着実にやり抜く強い意志をもつ。

1−（3）
- 自立の精神を重んじ，自主的に考え，誠実に実行してその結果に責任をもつ。

2−（1）
- 礼儀の意義を理解し，時と場に応じた適切な言動をとる。

4−（9）
- 日本人としての自覚をもって国を愛し，国家の発展に努めるとともに，優れた伝統の継承と新しい文化の創造に貢献する。

5　**本時**（全体計画の5時間目）

（1）本時のねらい
　○地域の方々の協力を得ながら，日本の文化芸術のすばらしさを感じる。

（2）展　開

| 過程 | 主な学習活動と内容 | キャリア教育の視点から身に付けさせたい能力 | 指導上の留意点と評価 |
|---|---|---|---|
| 導入 | 1　コースごとに分かれてはじめの会を行い，日程の確認・講師の紹介・諸連絡を行う。 | **・計画を実行する力**<br>○コースごとの目標を理解し，目標達成に向けた計画を班員と協力して実行しようとする。 | ・講師に失礼がないよう，事前に指導をしておくとともに，円滑に会が進むよう助言を行う。 |
| 展開 | 2　講師の指示に従い，文化芸術体験活動を行う。<br>・華道コース<br>・茶道コース<br>・現代書道コース<br>・日本舞踊コース<br>・和太鼓コース<br>・そば打ちコース<br>3　コースごとに終わりの会を行い，代表生徒の感想や講師への謝辞を述べる。 | **・他者の意見を参考にする力**<br>○班員とともに体験活動に参加し，講師からの説明やアドバイスを積極的に受けようとする。<br>**・よりよい方法を考える力**<br>○講師の説明や他の生徒の作品や動きを基に，自分の作品や動きに工夫を加えようとする。<br>**・課題をやり遂げる力**<br>○自分が選択した活動を最後までやり遂げようとする。 | ・各コースの活動内容に応じて，安全面・衛生面に関する配慮を行う。<br><br>　自分なりに工夫を凝らした作品をつくったり（華道・現代書道），基本的な技術を身に付けて実践したり（茶道・日本舞踊・和太鼓），自分たちが打ったそばを味わったり（そば打ち）して，日本の文化の素晴らしさを感じることができた。 |
| まとめ | 4　各コースごとに体験活動を振り返り，新聞にまとめる。 | **・職業について理解する力**<br>○体験活動を通して，勤労の意義や働く人々の様々な思いを理解する。 | ・活動を振り返ることで，互いのよさを認め合い，喜びを分かち合えるようにする。 |

> **コラム**　　　　　　　　　学校と家庭・地域との連携

改正された教育基本法第13条により，次のように規定されています。

> 学校，家庭及び地域住民その他の関係者は，教育におけるそれぞれの役割と責任を自覚するとともに，相互の連携及び協力に努めるものとする。

　キャリア教育は，一人ひとりの生き方に関わって，自己と働くこととの関連付けや価値付けを支援する教育です。キャリア形成には，一人ひとりの成長・発達の過程における様々な経験や人とのふれあい等が総合的に関わっています。そのため，キャリア教育を推進するにあたっては，学校が生徒の生活時間を多く占める家庭や生徒が暮らす地域と積極的に関わりをもち，共に連携・協力をして進めることが重要です。

　キャリア教育を進めるにあたっては，学校と家庭，地域がパートナーシップを発揮して，互いにそれぞれの役割を自覚し，一体となった取組が求められています。

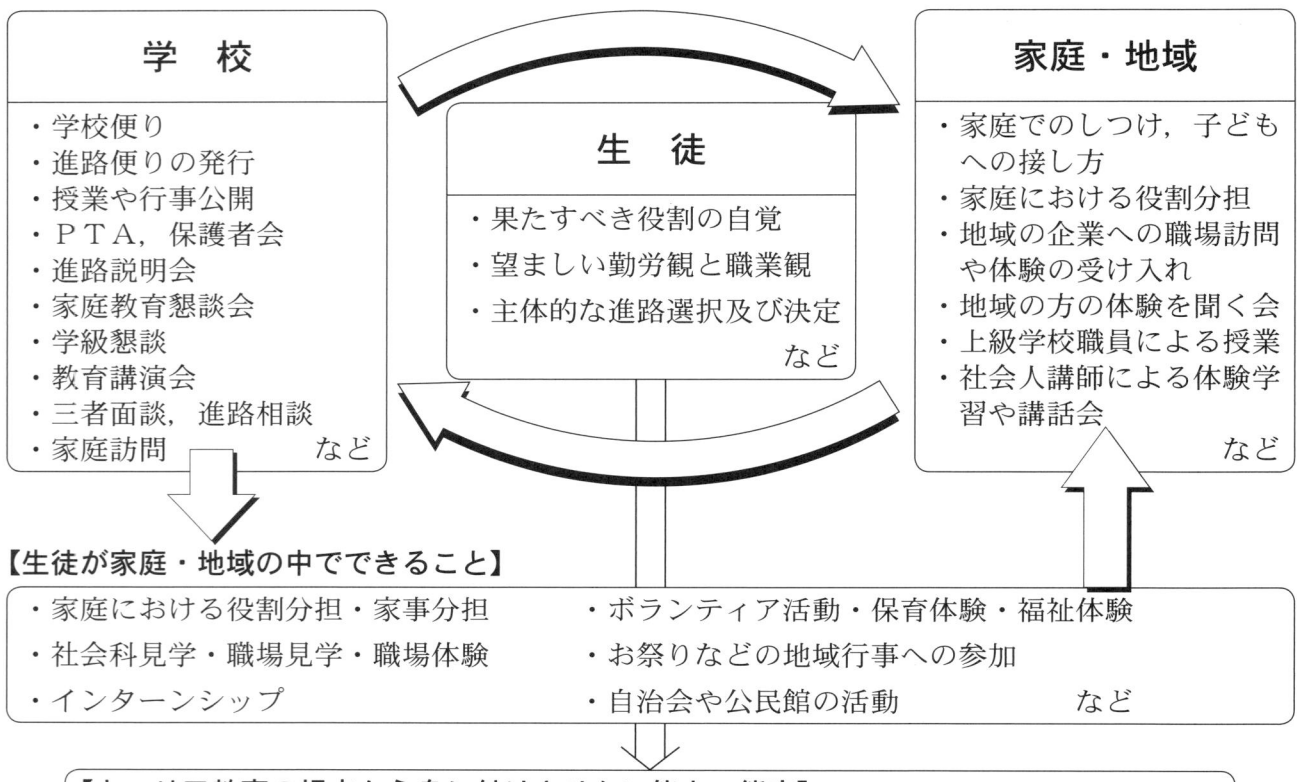

| 学　校 | 生　徒 | 家庭・地域 |
|---|---|---|
| ・学校便り<br>・進路便りの発行<br>・授業や行事公開<br>・ＰＴＡ，保護者会<br>・進路説明会<br>・家庭教育懇談会<br>・学級懇談<br>・教育講演会<br>・三者面談，進路相談<br>・家庭訪問　　　など | ・果たすべき役割の自覚<br>・望ましい勤労観と職業観<br>・主体的な進路選択及び決定<br>　　　　　　　　　　など | ・家庭でのしつけ，子どもへの接し方<br>・家庭における役割分担<br>・地域の企業への職場訪問や体験の受け入れ<br>・地域の方の体験を聞く会<br>・上級学校職員による授業<br>・社会人講師による体験学習や講話会　　　など |

【生徒が家庭・地域の中でできること】

| | |
|---|---|
| ・家庭における役割分担・家事分担<br>・社会科見学・職場見学・職場体験<br>・インターンシップ | ・ボランティア活動・保育体験・福祉体験<br>・お祭りなどの地域行事への参加<br>・自治会や公民館の活動　　　など |

【キャリア教育の視点から身に付けさせたい能力・態度】
・体験等を通して，勤労の意義や働く人々の様々な思いが分かる。
・様々な職業の社会的役割や意義を理解し，自己の生き方を考える。
・地域社会の一員としての自覚を深め，自らの課題に積極的に取り組み，主体的に解決していこうとする。

　学校と家庭・地域がそれぞれの立場や役割を認識し，連携・協力してこうした活動を進めていくことが大切です。また，職場体験などの発表会やそれらをまとめたパネルディスカッションなども地域に公開したり，地域の方々にもパネリストなどで参加していただいたりすることも大切です。そうすることで，活動内容の共有化が図られ，お互いの考えを出し合い，キャリア教育の理解に関して相乗効果を得ることができます。

# 第4章
# 職場体験 FAX資料編

　平成23年3月に文部科学省から刊行された『中学校キャリア教育の手引き』によると、「キャリア」について「人は、他者や社会との関わりの中で、様々な役割を担いながら生きており、このような自分の役割を果たして活動すること、つまり「働くこと」を通して、人や社会と関わることになり、その関わり方の違いが「自分らしい生き方」となっていくものである」(中央教育審議会『今後の学校におけるキャリア教育・職業教育の在り方について〈答申〉』)と述べた上で、「人が、生涯の中で様々な役割を果たす過程で、自らの役割の価値や自分と役割との関係を見いだしていく連なりや積み重ね」の総体を「キャリア」ととらえています。また、「働くこと」とは、職業生活だけではなく、家事や学校での係活動、あるいはボランティア活動など多様な活動があることから幅広くとらえる必要があるとも述べています。

　自己の生き方や在り方などについて、学ぶことや働くことと関連付けて考えていく上で、「キャリア教育」を学校の教育活動全体を通して進めていくことが重要であるが、こうした活動の中で、「職場体験」は重要なものの一つと位置付けられます。

　第4章では、職場体験の学習に関わるFAX資料集です。内容を①中学校3年生を想定したもの、②中学校全学年を想定したものとに分けています。最近、小学校や高等学校においても行われるようになってきた「職場訪問学習」や「フィールドワーク」の事前・事後指導等に役立つ資料としてもご参考ください。

「職場体験」FAX資料集（その①：3年生を想定）

STEP 1 　『職場体験で何を学ぶのかを知ろう！』
　　　　　～前年度の「先輩に聞く」や「しごと探検プログラム」等の学習を踏まえて～

|  年　　　組　　　番　氏名 |
|---|
|  |

1　昨年の活動を振り返ってみよう。それぞれの活動で,《職業》や《働くということ》について, 特に印象に残っていることや, 初めて分かったことなどを再確認しよう。

| 「先輩に聞く」 | 「しごと探検プログラム」 |
|---|---|
|  |  |

2　さらにさかのぼり, 1年生の進路学習で, 家族に「職業インタビュー」をした時のことを思い出して, 次のことを再確認しよう。
　　①身近な職業人である家族にインタビューして, どんなことを感じたか。
　　②その時, 家族があなたにぴったりな職業としてどんな職業を挙げたか。
　　③それを聞いてどう思ったか。

| ① |  |
|---|---|
| ② |  |
| ③ |  |

3　以上の活動をとおして, みなさんはようやく職業の世界の入り口に立ちました。さて, 今年は職場で実際に体験学習をします。「しごと探検プログラム」では, 訪問先の方がみんなの質問に親切に答えてくれました。今回は, 働いている人たちの中に交じって体験するので,《職業》や《働くということ》についてもっと具体的なことを学ぶことができます。
　そこで,（「しごと探検プログラム」で学んだことを参考にして）あなたはどんなことを学びたいのか考えてみよう。また, クラスの人たちの考えも聞いてみよう。(お世話になる職場が決定したら, もっと具体的な目標を掲げることになります。)

| 自分 |  |
|---|---|
| クラス |  |

| STEP 2 | 『体験したい職業・職場を考えよう！』 |
|---|---|

～将来就きたい職業について，保護者と話し合ったあとで書く～

| 年　　組　　番　氏名 |
|---|

◇（※職業分類の資料を参考にして）あなたが現在興味・関心があって体験したいものを２つ選んで，次の項目について調べてみよう。　※『中学生活と進路』（実業之日本社）２年34ページ

|  | 第１希望（　　　　　　　） | 第２希望（　　　　　　　　） |
|---|---|---|
| 職業の大分類 |  |  |
| 産業の大分類 |  |  |
| 何を相手にして働く職業か。 |  |  |
| どんな環境で働く職業か。 |  |  |
| どんな資格や条件が必要か（中学校卒業後の進路設計はどうなるのか）。 |  |  |
| どんな人が向いているか（適性）。 |  |  |
| 自分の性格や能力を考えて，適切な職業か。 |  |  |
| 体験活動でどんなことを学びたいですか。具体的にまとめよう。 |  |  |

【この欄は，保護者の方がお書きください】

|  |  |  |
|---|---|---|
| 上の職業は，お子さんに向いていると思いますか。あるいは，もっと適性がある職業はあるとお考えになりますか。 |  |  |

| STEP 3 | 『体験先に訪問の依頼をしよう！』 |
|---|---|

～下書きをしてから，丁寧な字で心を込めて依頼状を書こう！～

年　　組　　番　氏名

平成　　年　　月　　日

_____様　　　　　　　　　　　　　　　　　　　（氏名）
　　　　　　　　　　　　　　　　　_____中学校_____

　はじめまして，私は，（　　　　　　　　）中学校（　　）年の（　　　　　　　）

と申します。今，職業について具体的に学習しています。

　私は_____職業に興味があり，特に_____の
　　※（例：自然や動物を相手にする職業）　　　　　（例：造園師）

仕事についてもっと詳しく学びたいと考えています。そこで，_____に
　　　　　　　　　　　　　　　　　　　　　　　　　　　（例：造園業）

かかわっていらっしゃる貴社を訪問して，実際の体験をさせていただきたく，お手紙

をお送りした次第です。

　お忙しいところ，大変申し訳ありませんが，どうかよろしくお願いいたします。

　なお，体験を許可いただける場合には，次のことを目標にして体験活動をしたいと

思います。

```
┌─────────────────────────────┐
│                             │
│                             │
│                             │
└─────────────────────────────┘
```

（例：あいさつやマナーを守り，実際に働いている人たちの迷惑にならないように気
　　　を付けながら積極的に活動し，造園師の仕事について学びたいです。）

① 事前に電話で，体験の趣旨や日程などについては連絡をとっておく。
② 正式な受入許可の別紙を送ってもらうための「表書き」を完成し，切手を貼った返信用封筒を準備する。別紙には，体験中に気を付けるべきことや，服装・持ち物などについて記入してもらうスペースを設ける（この別紙は先生側で準備する）。
③ 受入が許可されたら，折り返し，自己紹介や活動の具体的な個人目標などを送る。
　※『小学生・中学生のための仕事発見ガイド』（実業之日本社）144ページにもヒントがあります。

| STEP 4 | 『自分のテーマを見つけよう！』 |

～活動が充実したものになるよう，具体的なテーマにしよう！～

|  年   組   番 氏名 |

1 まず，この体験学習の学年のテーマを確認しよう。

2 あなたが体験先としてこの職業を選んだ理由をまとめよう（『体験の許可願い』に書いたもの）。

私は＿＿＿＿＿＿＿＿＿＿＿＿＿＿＿職業に興味があり，特に＿＿＿＿＿＿＿＿＿＿＿
　　（例：自然や動物を相手にする職業）　　　　　　　（例：造園師）
の仕事についてもっと学びたいと考えている。体験活動での目標は，次のとおり。

3 具体的なテーマを決める前に，あなたが選んだ職業について図書館の資料やインターネットで詳しく調べてみよう。その上で，実際の体験学習で自分が取り組んでみたいことや，働いている人たちに質問したいことなどを決めよう。これがあなたのテーマの骨組みになります。

メ モ

実際の体験学習で自分が取り組んでみたいことや，質問して解決したいこと
① 
②

|STEP 5| 『体験の準備をしよう！』
　　　　～気を付けなければならないことや，持ち物などを確認しよう！～

| 年　　組　　番　氏名 |
|---|
|  |

1　まず，体験先からの返信に書かれていることを確認しよう。

---
①　体験にあたり，気を付けるべきこと（心構え）
　○

　○

　○

②　持ち物や服装など［自分が考えて追加するものも記入しよう。］

|  |  |  |
|---|---|---|
|  |  |  |
|  |  |  |
|  |  |  |

---

2　バスや電車の通過予定時刻も含めて，自宅から体験先までの往復の行き方を考えよう。これらを
　あとでしおりに転記します。［体験時間は　　　：　　　～　　　：　　　］

---
══ バス／ ----- 電車／ ～～～ 徒歩／ ─── その他（保護者の自家用車など）

往路：自宅→


復路：体験先→

---

3　万一の事態に備え，次の項目について家の人と話し合っておこう。

| 期間中の緊急連絡先 |  |
|---|---|
| 健康保険証の番号 |  |

| STEP 6 | 『体験当日の日誌を書こう！』 |
|---|---|

～印刷して「しおり」に綴じる。初日分のみ～

年　　組　　番　氏名

| 時　刻 | 具体的な活動 | 活動の記録：大切なことを書き落とさないように，注意して聞き・見て・考えて！ |
|---|---|---|
| 例）9:00 | 例）自己紹介，ラジオ体操，担当の方との打合せ | [担当の方との打合せで確認した事項] |
| | | |
| | | |
| | | |
| | | |
| | | |
| | | |
| | | |
| | | |

今日の活動を振り返って：初めて分かったことや質問，明日の活動への課題など

[体験先の担当の方から：生徒からの質問への回答や活動への助言をお願いします]

検印

| STEP 7 | 『体験を振り返ろう！』 |
|---|---|

～次の項目について，体験活動を振り返ろう！～

年　　組　　番　氏名

| | |
|---|---|
| 1　あなたの活動のテーマは何でしたか。 | |
| 2①　活動に参加する前の意気込みはどうでしたか。<br>②　また，心配だったことは何ですか。 | |
| 3　実際に数日間の職業体験をしてみて，何が大変でしたか。いくつか挙げてみよう。自分の考えが甘かったことなども入れよう。 | ○<br><br>○<br><br>○<br><br>○ |
| 4　興味・関心に沿って選択した体験先でしたが，実際に体験してみて，この職業はあなたに向いていると思いましたか。また，その理由もまとめよう。 | |
| 5①　体験活動を通して，"職業をもって働くこと"に対するあなたの意識はどのように変化しましたか。<br>②　この体験をこれからの生活にどのように生かしたいですか。 | |
| 6　お子さんが体験活動に参加して，成長したなと感じたことがありますか。 | ［保護者の方がお答えください］お子さんとの対話の中や，普段の生活の様子で気付いたことを教えてください。 |

※あとで，レポートにまとめるので，しっかりとまとめること。

「職場体験」FAX資料集（その②：全学年に対応）

### STEP 1　『職場体験学習のねらいを確認しよう！』

|組　　番　氏名|
|---|

職場体験学習のねらいを確認しましょう。職場体験学習では，

- 地域の人たちとの新鮮な出会いがあります。
- 社会のルールやマナーを学ぶことができます。
- 新たな自分を見つけることができます。
- 望ましい職業観をはぐくみ，将来の「生き方」の参考にすることができます。

上の４つの項目について，しっかり考え記入してください。

1　職場体験学習で学びたいことは何ですか。３つ以上書いてください。

- 
- 
- 

2　職場体験学習を実施するにあたってのあなたの心構えを３つ書きましょう。

- 
- 
- 

3　職場体験学習の受入先では，皆さんをどんな気持ちで受け入れてくださるでしょう。あなたが受入先の経営者になったつもりで書いてください。

4　受入先の方が不快感をもつのは，あなた達のどんな姿でしょう。受入先の方になったつもりで書いてみましょう。

5　あなたの希望職場先は何ですか。また，希望職場先で特にやってみたいことを書いてください。

- 希望職場先は？（　　　　　　　　　　　　　　　）
- やってみたいこと

| STEP 2 | 『職場体験希望調査』 |

組　　番　氏名

　職場体験を実施するにあたって，自分の希望する職業を下から選んで記入してください。将来の職業選択の参考になる貴重な活動ですので，よく考えて記入してください。
　「選んだ理由」はなるべくくわしく記入してください。また，「具体的な職業」の希望がある人は職場名を書いてください。

```
ア　農　業　　　　イ　営　林　　　　ウ　建築・建設　　エ　電気工事
オ　印　刷　　　　カ　食品製造　　　キ　食品加工　　　ク　繊維製品製造
ケ　鉄　道　　　　コ　郵便局　　　　サ　運　送　　　　シ　小売店
ス　飲　食　　　　セ　理　容　　　　ソ　美　容　　　　タ　自動車整備
チ　病　院　　　　ツ　保育園　　　　テ　市役所　　　　ト　消　防
ナ　スーパーマーケット　　ニ　ガソリンスタンド　　ヌ　畜　産
ネ　製　材　　　　ノ　電子機器製造　　　ハ　その他（　　　　　　）
```

|  | 記　号 | 選んだ理由（なるべくくわしく） | 具体的な職場名 |
|---|---|---|---|
| 第1希望 |  |  |  |
| 第2希望 |  |  |  |
| 第3希望 |  |  |  |

| STEP 3 | 『活動内容の確認』|

　　　　　　　　　　　　　　　　　　　　　　組　　　番　氏名

＊訪問する職場
＊職場のＴＥＬ　　　　　　　　　　　　　　＊担当者
＊班　長　　　　　　　　　　　　　　　　　＊副班長

　下の例を参考にして電話で職場体験の内容について確認してください。なお，下はあくまでも例ですので，臨機応変に対応してください。また，聞かれたことには誠意をもってはきはきと答えましょう。

| 電話での対応 | 備考 | メモ |
|---|---|---|
| 「〇月△日から職場体験にうかがいます，〇〇中学校△年の（　　　）と申します。」<br>**担当者の名前が分かっている場合**<br>「職場体験の担当の（　　　）さんをお願いいたします。」<br>**担当者の名前が分かっていない場合**<br>「職場担当の担当の方をお願いいたします。」<br>「〇〇中学校△年の（　　　）と申します。職場体験で３日間お世話になります。よろしくお願いいたします。」<br>「くわしい内容を確認させていただきたいのですが。」<br>①「勤務の時間は何時から何時までになりますか。」<br>②「どのような服装でうかがったらよろしいでしょうか。」<br>③「必要な持ち物は何かありますか。」<br>④「そのほかに何か注意することはありますか。」<br>　「わかりました。それでは〇月△日に（　）人うかがいますのでよろしくお願いします。お忙しいところありがとうございました。」 | ・必要なことはすぐにメモする。<br><br><br><br><br><br><br><br>【相手から何時がよいかと聞かれたとき】<br><br>【学校にまかせると言われたとき】<br>「学校では，９時から４時までが基本の時間になっていますので，それでよろしいでしょうか。」 | |

〇電話で確認したことを記入してください。

| 時間 | １日目 | ：　　～　　： |
|---|---|---|
| | ２日目 | ：　　～　　： |
| | ３日目 | ：　　～　　： |

| 服装 | |
|---|---|

| 持ち物 | 弁当　筆記用具　メモ帳 |
|---|---|

| その他 | |
|---|---|

STEP 4　『自分のテーマをみつけよう！』

組　　番　氏名

　あなたの「体験テーマ」を決定しましょう。あなたにとっても事業所の方々にとっても大切な時間を使っての体験学習です。真剣に考えましょう。

●あなたの職場体験先は？
1　事業所名
2　住所（所在地）
3　電話番号

●仕事の内容

●できればやってみたい仕事は？

これが私の職場体験のテーマだ！！

| STEP 5 | 『職場体験シミュレーション！』 |

組　　番　氏名

　体験中にはいろいろなことが予想されます。次のようなときどうすればよいか，前もって考えておきましょう。あなたならどうしますか？　話し合ってみましょう。

---

1．朝起きたら，気分が悪くて出かけられない。
　〔　　　　　　　　　　　　　　　　　　　　　　　　　　　　　　　　　〕

2．寝坊して遅刻しそうだ。
　〔　　　　　　　　　　　　　　　　　　　　　　　　　　　　　　　　　〕

3．仕事の指示を受けている途中だがよく理解できない。
　〔　　　　　　　　　　　　　　　　　　　　　　　　　　　　　　　　　〕

4．仕事中分からないことが出てきたが近くに誰もいない。
　〔　　　　　　　　　　　　　　　　　　　　　　　　　　　　　　　　　〕

5．仕事中，失敗してしまったようだ。
　〔　　　　　　　　　　　　　　　　　　　　　　　　　　　　　　　　　〕

6．仕事中，体の調子が悪くなってきた。
　〔　　　　　　　　　　　　　　　　　　　　　　　　　　　　　　　　　〕

7．自分の知らないことをお客さんに質問された。
　〔　　　　　　　　　　　　　　　　　　　　　　　　　　　　　　　　　〕

8．指示された仕事が早く終わったが，近くに誰もいない。
　〔　　　　　　　　　　　　　　　　　　　　　　　　　　　　　　　　　〕

9．一緒に体験している人の仕事があなたの仕事より大変そうだ。
　〔　　　　　　　　　　　　　　　　　　　　　　　　　　　　　　　　　〕

10．目の前の園児の様子が変だ。
　〔　　　　　　　　　　　　　　　　　　　　　　　　　　　　　　　　　〕

11．仕事中，電話（インターフォン）がなったが近くにだれもいない。
　〔　　　　　　　　　　　　　　　　　　　　　　　　　　　　　　　　　〕

……ほかにも予想される事態を想定して前もって考えてみましょう。

---

**いよいよ職場体験学習が行われます。今の気持ちや決意を書いてみましょう。**

| STEP 6 | 『一日の活動をまとめよう！』（次ページと両面で使用） |

組　　番　氏名

職場体験先＿＿＿＿＿＿＿＿＿＿＿＿＿＿＿＿＿＿＿＿＿＿＿＿＿＿＿＿

【体験日誌】（　　）日目

今日１日の活動内容を具体的に記録しよう。

| 時　　間 | 活動の記録（具体的に記録しよう） |
|---|---|
| 8：00 | |
| 9：00 | |
| 10：00 | |
| 11：00 | |
| 12：00 | |
| 13：00 | |
| 14：00 | |
| 15：00 | |
| 16：00 | |
| 17：00 | |

●今日の活動についてまとめよう

| ①今日の活動の中で「大変だった」場面やできごとは？ |
| --- |
| |

| ②今日の活動の中で「うれしかった」場面やできごとは？ |
| --- |
| |

| ③すすんで活動に取り組めましたか？　〈とても・まあまあ・今ひとつ〉 |
| --- |

| ④今日の活動を振り返って，分かったことや感じたこと，考えたことなどを書きましょう。 |
| --- |
| |

保護者の方から（お手数をおかけしますが,お子さんの話や記録から,ひとことお願いいたします。）

| |
| --- |
| |

| STEP 7 | 『職場体験を振り返って！』 |

組　　番　氏名

職場体験先〔　　　　　　　　　　　　　　　　〕

1　あなたにとってどんな職場体験でしたか？　　　　　　　　　　（5：よい……1：よくない）

| ① 自分から進んで仕事に取り組みましたか？ | 5・4・3・2・1 |
| --- | --- |
| ② たくさんの人とふれあうことができましたか？ | 5・4・3・2・1 |
| ③ 「働く」ということについて考えることができましたか？ | 5・4・3・2・1 |
| ④ 仕事の喜びや楽しさを感じることができましたか？ | 5・4・3・2・1 |
| ⑤ 仕事の厳しさや大変さを感じることができましたか？ | 5・4・3・2・1 |
| ⑥ あいさつはよくできましたか？ | 5・4・3・2・1 |
| ⑦ 職場の方々の話はよく聞くことができましたか？ | 5・4・3・2・1 |
| ⑧ 自分のよい面を見つけることができましたか？ | 5・4・3・2・1 |
| ⑨ 自分の直したい面を見つけることができましたか？ | 5・4・3・2・1 |
| ⑩ 職場体験について家の人と話ができましたか？ | 5・4・3・2・1 |
| ⑪ 職場体験は楽しかったですか？ | 5・4・3・2・1 |
| ⑫ 自分の将来について考えることができましたか？ | 5・4・3・2・1 |

2　いちばんうれしかったことや感動したことは何ですか？

3　いちばん大変だったことは何ですか？

4　「職場体験をしてよかったな」と思うことはありますか？　それはどんなことですか？

5　自分のよい面を見付けましたか？　自信の付いた点はありますか？　それはどんなことですか？

「職場体験」FAX資料集（その③：全学年に対応）

STEP 1　『何を学ぶのか知ろう！』　　　　　　　　　　　　職場体験学習シートNo.1

組　　番　氏名

1　こんな力を身に付けよう　〜　学校・学年等の教育目標を先生から聞いてみよう

2　職場体験のテーマを知ろう　〜　身に付ける力と関連しています

3　職場体験のねらいを知ろう　〜　テーマを具体的に表しています

（1）
（2）
（3）

4　職場体験活動と，その前後の活動を見通してみよう　〜　活動全体の計画です

|  | 月日(曜) | 校時 | 主　な　活　動 |
|---|---|---|---|
| 事前 |  |  |  |
| 体験中 |  |  |  |
| 事後 |  |  |  |

| STEP 2 | 『体験したい職業・職場を考えよう！』 | 職場体験学習シートNo.2 |

| 組　　番　氏名 |
| --- |

## 1　「人はなぜ働くのか」についての私の考え

## 2　私が将来就きたい職業とその理由

| 就きたい職業 |
| --- |
| その理由 |

## 3　私が体験したい職場を決めよう

| 職場体験日 |
| --- |
| 体験先（事業所名） |
| 体験する生徒たちの名前 |
| 事業所の住所 |
| 事業所の電話番号 |
| 体験したい内容 |
| なぜその内容を体験したいのか |

| STEP 3 | 『体験先に訪問の依頼をしよう！』 | 職場体験学習シートNo.3 |

| 組　　番　氏名 |

1　依頼をする時の電話対応の仕方について，大切なことをまとめてみよう
　　　　　　　　　　〜　相手に対して失礼のない対応をするために気を付けること　〜

| ポイント ・電話は，相手の方の顔が見えません。<br>・相手の方とは，初めてお話をします。<br>・相手の方は，お仕事でお忙しい中，私たちに対応してくださるのです。 |
|---|
|  |

2　体験したい事業所へ電話をしてみよう

| 職場体験日（時間帯） |
|---|
| 事業所名 |
| 体験する生徒たちの名前 |
| 体験できる内容 |
| 必要な服装・持ち物 |
| 事業所の電話番号 |
| 担当の方のお名前 |

| STEP 4　『**自分のテーマを見つけよう！**』 | 職場体験学習シートNo.4 |
|---|---|

| 組　　番　氏名 |
|---|

1　先生が話した「職場体験のねらい」をもとに，自分のことばで自分のテーマをまとめてみよう

自分のテーマ

2　体験する職業・職場について，知っていることや調べたこと

3　体験当日，自分の目で調べてくること

4　体験当日，事業所の方に質問してくること

| STEP 5 | 『体験の準備をしよう！』 | | 職場体験学習シートNo.5 |

| | | 組　　　番　氏名 |

| 職場体験日 | | | |
|---|---|---|---|
| 事業所名 | | TEL | |
| 体験の内容 | | | |
| 日程と交通手段 | 時　刻 | 場　所 | 備　考（交通手段） |
| ①集合 | | | |
| ②出発 | | | |
| ③到着 | | | |
| ④体験活動 | | | |
| ⑤出発 | | | |
| ⑥帰宅 | | | |
| ⑦学校連絡 | | | |
| 服装・持ち物 | | | |
| 事業所からのお願い | | | |
| その他 | ＊事前訪問 | | |

【職場体験学習の心得】

**★受け入れてくださる事業所は，日常の忙しい業務の中で，みなさんのために受け入れてくださるのです。感謝の気持ちをもって職場体験にのぞみましょう。**

① 仕事開始時刻の15分前までに出勤しましょう。ただし，急な病気や事故で，出勤できなかったり，遅刻しそうなときは，事業所と学校に必ず連絡しましょう。

② 朝，出勤したときや，体験を終えて帰宅するときなどは，大きな声で，元気にあいさつをしましょう。

③ 作業内容の中で，もしも十分に理解できないことがあったら，うやむやにせず，納得のいくまで，質問してから作業に取りかかりましょう。事業所の人にとって一番困るのは，みなさんが作業内容を理解したのか，していないのかがはっきりと分からないことです。遠慮せずに質問しましょう。

④ 作業中具合が悪くなったときは，遠慮せずに申し出ましょう。

⑤ 家に帰ったら，家の人と，仕事の内容や体験した感想などについて話し合う機会をもちましょう。

⑥ 朝，帰りは，交通事故にあわないように，十分注意しましょう。

⑦ その他，事業所の作業内容によって，それぞれ注意すべきことが異なります。事業所の方の注意をよく聞き，事故のないように気を付けましょう。

| STEP 6 | 『体験当日の日誌を書こう！』 | 職場体験学習シートNo.6 |
|---|---|---|

組　　番　氏名

事業所名　

| | | |
|---|---|---|
| 月<br><br>日<br><br>（　） | 今日の目標 | |
| | 今日の仕事 | |
| | 今日の発見！ | |
| | 苦労したこと<br>学んだこと<br>感じたこと | |
| | 今日の自己評価 | ①あいさつや返事が、はきはきとできたか。　　A　B　C<br>②積極的に仕事に取り組んだか。　　　　　　　A　B　C<br>③今日の目標は達成できたか。　　　　　　　　A　B　C |

なんでもメモ&イラスト

| STEP 7 | 『体験を振り返ろう！』 | | 職場体験学習シートNo.7 |

　　　　　　　　　　　　　　　　　　　　組　　番　氏名

| 職場体験日 | |
|---|---|
| 事業所名 | |
| 体験した仕事の内容 | |

初めて知ったこと，苦労したこと

職場体験を通して自分に身に付いたと思う力

　職場体験を通して学んだことや，今後の生活に生かしていきたいと思ったこと，こんな力をもっと身に付けたいと思ったこと

職場体験全体を通しての感想

# 「キャリア教育」Q&A

Q 「キャリア教育」では,どのような力を育てていくのですか?

A 将来,自立した社会人・職業人となるために必要な能力や態度を「キャリア教育」では育てたい力としています。こうした力は,主に学校教育を中心として身に付けていくのですが,これを端的に示すと,「基礎的・汎用的能力」といわれる4つの能力領域になるといわれています。それぞれの領域において,具体的にどのような力を育てるのかを確認することが大切です。

「人間関係形成・社会形成能力」……他者の個性を理解する力,コミュニケーション能力
「自己理解・自己管理能力」……自己の役割の理解,前向きに考える力,忍耐力
「課題対応能力」……情報の理解・選択・処理,課題発見,計画立案,実行力,評価・改善
「キャリアプランニング能力」……学ぶこと・働くことの意義や役割の理解,将来設計選択
※中央教育審議会答申 「キャリア教育・職業教育特別部会『今後の学校におけるキャリア教育・職業教育の在り方について』」(平成23年1月31日)より引用

Q 「キャリア発達」という言葉がありますが,どういう意味ですか?

A 「キャリア発達」とは,児童生徒の年齢が進むのに合わせ,その段階に応じた能力や態度を育成する,という意味の言葉です。
　児童生徒の発達段階を,キャリアの観点からどのように分けるかという理論は,識者により様々ですが,もっとも知られているのがアメリカのカウンセリング心理学者であるスーパーの発達段階理論です。彼によると,次のような段階分けがされています。

「4〜10歳」 → 【空想期】欲求中心・空想の下で役割遂行が重要な意識をもつ
「10〜12歳」 → 【興味期】好みが志望と活動の主たる決定要因となる
「12〜14歳」 → 【能力期】能力に一層重点が置かれる
「14〜17歳」 → 【暫定期】欲求,興味,能力,価値観などのすべてが考慮される
「17〜21歳」 → 【移行期】実際の労働,専門的訓練に入り,現実への配慮がされる
「21〜24歳」 → 【試行期】初歩的な職務遂行がなされ,それが生涯の職業として試みられる
「24歳〜」　 → 【確立期】適切な分野が見つけられ,永続的な地歩を築く努力がなされる

　小・中の連携を図るためにも,「キャリア発達」の段階に応じて,何をどのように指導するのかを明確にしていく必要があります。

Q 発達段階に応じて，小・中学校ではどのようなことをすればよいのですか？

A 小学校の中でも，低学年・中学年・高学年で違いますし，個々人の発達段階でも違いますが，おおむね次のような考え方ができると思います。

　「低・中学年」……集団としてのキャリア発達を重視した指導
　　　　　　　　　　・人とかかわる力　・勤労を重んじる態度　・努力の大切さ
　「高学年」…………徐々に個別化を意識させる指導
　　　　　　　　　　・職業への関心　　・将来の姿への意識の高揚

　中学校では，進路にかかわる現実的探索と暫定的選択を行う時期でもあります。そのため，生徒には「産業や職業に対する基本的な知識の習得」「働くことの意義や役割等の理解」「個性や生き方と進路との関係の考察」をさせることが必要です。

　そして，これらを体験の中から学ばせる場として，複数日の職場体験活動が重要だとされています。

Q 「キャリア教育」を推進するために，まず何から始めればよいのですか？

A 「キャリア教育」は，まったく新しいことを行うのではありません。この感覚を捨てないと，落とし穴にはまってしまいます。

　まず，「キャリア教育」の視点に立ち，学校の教育計画の全体を見通す中で，キャリア教育の全体計画やそれを具体化した指導計画などの学習プログラムを開発することが大切です。

　そのためには，研究組織を学校の中にしっかりと作り，さらに教育課程の中に「キャリア教育」に関連する様々な取組が適切に位置付けられなければならないと思います。

Q 「キャリア教育」の評価は，どうあればよいのですか？

A 「キャリア教育」の評価には，数値的な到達目標などはありません。したがって個々の「キャリア教育」に関わる活動の度に児童生徒に振り返りをさせ，それを積み重ねていくことが大切です。

　その際，「児童生徒がどのように変わったのか」という視点で評価することが必要でしょう。よくある方法が，感想を書かせる・レポート（新聞）作りをさせるなどですが，児童生徒の内面の変化がわかるような書かせ方（作らせ方）ができるように配慮する必要があります。

Q 小・中・高の系統性の必要性は感じますが，それほど重要なのですか？

A 「キャリア教育」は，その発達段階に応じて小学校から高等学校までの12年間を通した継続的な取組が大切です。各段階のキーワードを端的にいうと，

　　小学校 →基盤作り　　中学校 →意識の形成　　高等学校 →意識の確立

ということになるでしょうか。

補足資料として，「小・中学校のキャリア発達の課題」（平成23年「中学校キャリア教育の手引き」　文部科学省　より）を紹介します。

※小学校のキャリア発達課題
　低学年：○小学校生活に適応する。
　　　　　○身の回りの事象への関心を高める。
　　　　　○自分の好きなことを見付けてのびのびと活動する。
　　　　　○将来に対する漠然とした夢やあこがれを抱く。
　中学年：○友だちと協力して活動する中でかかわりを深める。
　　　　　○自分の持ち味を発揮し，役割を自覚する。
　高学年：○自分の役割や責任を果たし，役立つ喜びを体得する。
　　　　　○集団の中で自己を生かす。
　　　　　○社会と自己の関わりから，自らの夢や希望を膨らませる。

※中学校のキャリア発達課題
　1年生：○自分のよさや個性が分かる。
　　　　　○自己と他者の違いに気付き，尊重しようとする。
　　　　　○集団の一員としての役割を理解し果たそうとする。
　　　　　○将来に対する漠然とした夢やあこがれを抱く。
　2年生：○自分の言動が，他者に及ぼす影響について理解する。
　　　　　○社会の一員としての自覚が芽生えるとともに社会や大人を客観的にとらえる。
　　　　　○将来の夢を達成する上での現実の問題に直面し，模索する。
　3年生：○自己と他者の個性を尊重し，人間関係を円滑に進める。
　　　　　○社会の一員としての義務と責任を理解する。
　　　　　○将来設計を達成するための困難を理解し，それを克服する努力に向かう。

　これは，小・中の発達にかかわる諸能力の育成の視点から，それぞれの段階でどんな力や態度を身に付けさせたいかをまとめたものです。
　これを見ると，小学校段階での基盤作りが重要であることがわかります。

Q 「キャリア教育」によって,どのような効果が期待されるのですか?

A キャリア教育は児童生徒の望ましい発達を促すだけではなく,学校,地域,家庭など様々なところに次のような効果が期待されるとしています。

① 学校にとって
・キャリア教育の視点から教科運営を行うことで,児童生徒に身に付けさせたい力を明確にすることができる。
・教育活動の見直しを図り,全職員一丸となって学校経営ができる。
② 児童生徒にとって
・進路意識に変容が見られる。　　　・学習意欲の向上が見られる。
・自分のよさに気付き,自分の学習活動を適切に評価できる生徒が増える。
・学校で学ぶことと社会で働くことを自分の進路と関係付けて考えるようになる。
③ 地域にとって
・地域の教育力が上がるとともに,地域の活性化につながる。
・企業が社会的役割を認識できる。
④ 家庭にとって
・家庭の中での自分の役割を実感することができる。
・保護者が子どもたちがいきいきと働く姿から,子どもの新たな一面を発見できる。

Q 複数日の職場体験活動を実施するうえで,予測される課題は何ですか?

A 平成17年2月に国立教育政策研究所生徒指導研究センターより発表された「職場体験・インターシップに関する事業所調査」によると,事業所側で受け入れる際の問題として,次の3つが多く挙げられていました。
・事故等による生徒の被災に対する対応
・対応する職員の負担が大きい
・複数日の体験をさせる指導プログラム作成が困難である
一方,学校側でかかえる主な問題としては,次の3つが挙げられます。
・複数日の職場体験が可能な事業所を確保すること
・地域・保護者の協力を得るための通知
・事業所の器物破損,事故発生に対する対応
先進校等からの情報を得ながら,これらの課題解決のための方策を講じていくことが大切です。

# 秋田県小・中学校進路指導研究会編　進路指導資料集

|  |  |  |
|---|---|---|
| 昭和43年度 | 第1集 | 作成と活用の手引き |
| 昭和44年度 | 第2集 | 検査・調査と活用の手引き |
| 昭和45年度 | 第3集 | 学級指導計画参考例 |
| 昭和46年度 | 第4集 | 進路相談の手引き |
| 昭和47年度 | 第5集 | 学級会活動指導参考例 |
| 昭和48年度 | 第6集 | 学級指導計画例 |
| 昭和49年度 | 第7集 | 作成と活用の手引き |
| 昭和50年度 | 第8集 | 進路指導実践の手引き |
| 昭和51年度 | 第9集 | 進路指導計画参考例 |
| 昭和52年度 | 第10集 | 進路指導に関する諸問題 |
| 昭和53年度 | 第11集 | 専修学校・各種学校・職業訓練校の紹介 |
| 昭和54年度 | 第12集 | 新教育課程と進路指導 |
| 昭和55年度 | 第13集 | 高等学校・大学の学科・学部紹介 |
| 昭和56年度 | 第14集 | 秋田県中学校進路指導（この年、資料集の制作なし） |
| 昭和57年度 | － | ［20年誌］ |
| 昭和58年度 | 第15集 | 職業① |
| 昭和59年度 | 第16集 | 職業② |
| 昭和60年度 | 第17集 | 中学校進路指導～進路学習と家庭との連携を求めて～ |
| 昭和61年度 | 第18集 | 中学校進路指導の実践とその事例② |
| 昭和62年度 | 第19集 | 中学校進路指導の実践とその事例③ |
| 昭和63年度 | 第20集 | 中学校進路指導の実践とその事例 |
| 平成元年度 | 第21集 | 秋田県中学校　学級活動計画参考例 |
| 平成2年度 | 第22集 | 秋田県高等学校一学科紹介 |
| 平成3年度 | 第23集 | 新教育課程と進路指導 |
| 平成4年度 | － | （この年、資料集の制作なし）［30年誌］ |
| 平成5年度 | 第24集 | 進路指導ファックス資料集 |
| 平成6年度 | 第25集 | 啓発的体験を重視した進路指導実践事例集 ［飛び出せ教室］ |
| 平成7年度 | 第26集 | 啓発的体験を重視した進路指導実践事例集［飛び出せ教室］第2集 |
| 平成8年度 | 第27集 | 《学級担任必携》「すぐ授業でつかえる！」―中学校進路指導ファックス資料集と展開例―（ファックス資料集とフロッピーディスク付き） |
| 平成9年度 | 第28集 | 《進路学習資料集とフロッピーディスク付き》―秋田県高等学校学科紹介―「〇〇科ってごんな科！」 |
| 平成10年度 | 第29集 | 中学生のための「仕事発見ガイド」秋田県版―県内110の仕事をこなしている人に、仕事の内容・仕事と人生をビデオインタビューしている |
| 平成11年度 | 第30集 | 《進路相談・面接に役立つ》「いろんな進路があるんだね」―私立高校・高等専門学校・定時制・単位制・通信制・専修学校・各種学校・デクノスクール・隣県の私立高校の紹介（ハローワーク・資格の紹介付き）―（この年、資料集の制作なし） |
| 平成12年度 | 第31集 | 《新学習指導要領版》学級担任のための「新しい学級活動105時間」―展開例とファックス資料― |
| 平成13年度 | 第32集 | 《学級担任必携》「すぐ授業で使える！」―中学校進路指導ファックス資料集「第2集」― |
| 平成14年度 | 第33集 | 「夢や希望を育てる生き方指導」～小・中の連携を中心とした実践事例集～ |
| 平成15年度 | 第34集 | 体験学習や総合的な学習の時間に「いきいきわくわくワーク体験」～勤労観・職業観を育むための公共施設紹介と体験的な活動～ |
| 平成16年度 | － | 〈中学生と進路〉秋田県版の全ページ改訂（この年、資料集の制作なし） |
| 平成17年度 | 第35集 | 小・中学生のための「仕事発見ガイド」秋田県版改訂 |
| 平成18年度 | 第36集 | 「キャリア教育ガイドブック」～「キャリア教育」のガイダンスから、推進校の実践例紹介、そして体験活動に関わるFAX資料まで盛りだくさんの内容です～ |
| 平成21年度 | 第36集 | 「教科では〈〈むキャリア能力！」（小・中の主要5教科）～「キャリア教育」の視点から見る学習指導～ |
| 平成22年度 | 第37集 | 「教科では〈〈むキャリア能力！第2集」（技能教科など）～「キャリア教育」の視点から見る諸行事・学習指導～ |
| 平成23年度 | 第38集 | 「学校行事等で伸ばす〈〈キャリア能力！」～「キャリア教育」の視点から見る様々な活動の実践～ |
| | | 「道徳の時間や学級活動でも〈〈キャリア教育」の視点に基づく、学校全体の様々な活動の実践～ |
| | | 「社会的・職業的自立のための様々な活動の実践例紹介」～（道徳と学級活動の時間に焦点を当てたキャリア教育の実践例紹介） |

# あ と が き

　平成11年12月の中央教育審議会答申において，学校教育と職業生活との接続を図るために「小学校段階から発達段階に応じてキャリア教育を実施する必要がある」と提言されてから，早いもので，もう10年以上が経ちました。この間，国による「若者自立・挑戦プラン」などの施策や教育基本法の改正，学習指導要領の改訂など教育全体が大きな転換期を迎えています。

　平成20年1月に出された中央教育審議会の答申において，社会の変化への対応の観点から教科等を横断して改善すべき事項として「キャリア教育」が掲げられています。このことからも，現在，社会の急激な変化の中で，多くの人や社会とのかかわりを通し，児童・生徒が主体的に自己の進路を選択・決定できる能力や望ましい勤労観・職業観を身に付けて社会人（職業人）として自立することを目指す「キャリア教育」への取組の充実が，近年一層求められていることが分かります。

　本研究会では，「キャリア教育」について継続的・実践的に研究し，我々教員の教育実践に役立ててもらうために，以下のように実践事例を作成，紹介してきました。

---

第34集「キャリア教育ガイドブック」
　（「キャリア教育」についてのガイダンス・実践紹介などのガイドブック）
第35・36集「教科ではぐくむキャリア能力！Ⅰ・Ⅱ」
　（「学習指導とキャリア教育」を中心に9教科および道徳，特別活動，総合的な学習での「キャリア教育」の視点に立った全体計画や1単元の学習指導案の実践例紹介）
第37集「行事等ではぐくむキャリア教育」
　（小・中学校で行われる行事や体験活動などにおいて，キャリア教育の視点と関連付けた全体計画とその中の指導計画，資料などを紹介）
第38集は，「道徳や学級活動ではぐくむキャリア能力」
　（「道徳」と「学級活動」の時間をキャリア教育の視点から見つめ直し，児童・生徒のキャリア発達課題に合わせた授業展開例）

---

　これらの資料集は，「キャリア教育」に関する先行的な資料集として県内外の関係機関から大きな反響がありました。

　こうした中，平成23年3月に出された中央教育審議会キャリア教育・職業教育特別部会の答申「今後の学校におけるキャリア教育・職業教育の在り方について」において，キャリア教育で身に付ける能力（社会的・職業的に自立するために基盤となる能力）として，従来の4領域8能力に替わり「基礎的・汎用的能力」が提示されるなど，キャリア教育は新たな局面を迎えることになりました。

　本研究会では，こうしたキャリア教育に関する新たな動きを見据え，今後も実践に携わる先生方の参考となる資料を作成，提供していきたいと考えております。各学校でキャリア教育を行うにあたって，「その重要性は理解しているが，いざ実践するには具体的に何をするべきなのか」などの声も多く聞かれます。そうした小・中学校の先生方に，本書を手がかりとして「キャリア教育」に対して少しでも見通しをもち，より実践的な学習活動等を展開していただければ幸いです。

　最後に，本書発刊に当たってご尽力を賜りました実業之日本社の関係者の方々や本書の編集に当たりご協力いただいた県内関係各位の方々，また，数多くの建設的な意見を提案し，本書の執筆にご尽力下さった先生方のご苦労に対し，紙面を借りまして深く感謝申し上げます。

秋田県小・中学校進路指導研究会

キャリア教育実践ガイドブック
～様々な活動ではぐくむキャリア教育～

2013年3月15日　初版第1刷発行

編　　　者　　秋田県小・中学校進路指導研究会
発　行　者　　村　山　秀　夫
発　行　所　　実　業　之　日　本　社

〒104-8233　東京都中央区京橋3-7-5　京橋スクエア
電話［編集］03-3535-5414
　　［販売］03-3535-4441
　　［実業之日本社ホームページ］http://www.j-n.co.jp/
印刷・製本　　大日本印刷株式会社

ⒸJitsugyo no Nihon-sha,Ltd 2013, Printed in Japan
ISBN978-4-408-41666-3（教育図書）

落丁本・乱丁本は発行所でお取り替えします。
小社のプライバシーポリシー（個人情報の取り扱い）は上記ホームページをご覧ください。
本書の一部あるいは全部を無断で複写・複製（コピー，スキャン，デジタル化等）・転載することは，法律で認められた場合を除き，禁じられています。
また，購入者以外の第三者による本書のいかなる電子複製も一切認められていません。